W0108441

OutdoorHandbuch aus der Reihe Der Weg ist das Ziel, Band 23

SPANIEN: JAKOBSWEG

ISBN 3-89392-323-3   5. überarbeitete und erweiterte Auflage Juli 2001

® "Outdoor" ist eine eingetragene Marke für Bücher des Conrad Stein Verlags
© "Basiswissen für Draußen", "Der Weg ist das Ziel" und "Fernweh-Schmöker" sind
   urheberrechtlich geschützte Reihennamen für Bücher des Conrad Stein Verlags

Dieses OutdoorHandbuch wurde konzipiert und redaktionell erstellt vom
Conrad Stein Verlag, In der Mühle, 25821 Struckum
☎ 04671/931314, FAX 04671/931315
✉ <outdoor@tng.de> 🖥 <http://outdoor.tng.de>
für die OutdoorHandbuch Stein KG, Struckum.

Unsere Bücher sind überall im Buchhandel und in cleveren Outdoorshops
in Deutschland, Österreich und der Schweiz erhältlich.
Auslieferung für den Buchhandel:
Ⓓ Prolit, Fernwald und alle Barsortimente,
Ⓐ freytag & berndt, Wien,
ⒸⒽ AVA-buch 2000, Affoltern und Schweizer Buchzentrum.

Text: Michael Kasper
Titelfoto: Jean Francois Walhain "Puente la Reina in Navarra"
Fotos: Michael Kasper -mk, Jean Francois Walhain -jfw, Conrad Stein -cs
Karten: Marie-Luise Tolkmit, Heide Schwinn
Lektorat und Layout: Conrad Stein, Marie-Luise Tolkmit
Gesamtherstellung: Breklumer Druckerei, 25821 Breklum

Dieses OutdoorHandbuch hat 187 Seiten mit 20 Karten und 13 farbigen sowie
29 schwarzweißen-Abbildungen. Es wurde auf chlorfrei gebleichtem Papier
gedruckt und der besseren Strapazierfähigkeit wegen fadengeheftet.

002480012900

INHALT

Weg zum Kap Finisterre   171

Index   182

Symbole

♛	Achtung, Vorsicht	ℹ	Information
℞	Apotheke	✝	Kathedrale, Kirche, Kloster
⚱	Bar, Weinstube	▶	Kulturinformation
♜	Burg	⌘	Museum
🏪	Einkaufsmöglichkeit	⛺	Notunterkunft
☺	Empfehlung, Tip	⚲	Ornithologisches Gebiet
⚒	Fahrradwerkstatt	🏠	Pilgerherberge
🛎	geöffnet	✕	Restaurant
🚲	Hinweise für Radfahrer	♜	Turm, Burg
⇑	Höhe ü. NN	🚶	Weg für Wanderer
✚	Hospital, Erste Hilfe		*Besonders schöne Teilstrecken sind*
🛏	Hotel, Hostal, Pension		*auf den Karten punktiert dargestellt.*

Danke

Diese Leser haben durch ihre Tips und Hinweise zum Gelingen dieser Neuauflage beigetragen: Christa Bauer-Germaier, Poing; Wolfram Bollhorn, Schenefeld; Willy Charen, Mainz; Hildegard Dietz, Augsburg; Karl-Otto Mayer, Braunschweig; Herbert Simon, Köln; Ralf Krämer, Sömmersdorf; Gudrun Schreiber, Mannersdorf (Österreich); Herbert Heinz Kreidler, Eutingen; Manfred Gruber, Oberasbach; Hubert Dieckmann, Köln; Turn- und Sportverein 1898, Karlsdorf; Hans-Joachim Boldt, Berlin; Josef Schönauer-Marty, St. Gallen (Schweiz), Birte Pusback, Hamburg, Roman Horowitz, Wien (Österreich), Werner Schmidt, Ditzingen; Rudolf Fischer, Münster; Helmut Kayser, Hamm; Herbert-Heinz Kreidler, Eutingen; Karoline und Jürgen Mühe, Edingen; Jutta von Platen, Nürnberg; Friederike Schwarzer, München; Katja von Zobeltitz, Tom Wetjen, Bremen; Jan Hamer und Claudia Fischer per E-mail und Pejo Weiß aus Monschau.

Vorwort zur 5. Auflage

Im Sommer 2000 habe ich für die 4. Auflage sämtliche in diesem OutdoorHandbuch beschriebenen Routen neu bereist und auch die Entfernungen vermessen. Zahlreiche neue Pilgerherbergen sind angelegt worden, die Wegmarkierungen sind vielfach verbessert und besonders in Navarra und Kastilien sind zahlreiche neue Wanderwege und Pilgerwege angelegt worden. Seit der 4. Auflage haben sich ein paar Änderungen bei den Preisen und Telefonnummern ergeben und neu hinzugekommen ist die Beschreibung der Verlängerung des Jakobsweg bis zum Kap Finisterre.

EINLEITUNG

Der Jakobsweg ist der berühmteste Wanderweg und der letzte noch bestehende mittelalterliche Pilgerweg in Europa. Von Saint-Jean-Pied-de-Port sind es etwa 800 km, von Somport 60 km mehr; das Ziel ist das Grab des Apostels Santiago in Compostela.

Zunächst wird der moderne Pilger fremde Landschaften und kulturelle Zeugen des Mittelalters kennenlernen. Durch die Begegnung mit anderen Pilgern, den Herbergsleitern und den Menschen am Weg werden sich ihm neue Perspektiven eröffnen.

In der Einsamkeit des Wanderns wird er schließlich die Vorstellung von Zeit verlieren und dem eigentlichen Ziel des Pilgerns näherkommen: *Ultreia*, "voran"; das Ziel des Pilgerns ist das Pilgern, das "Auf dem Weg sein", die Selbstfindung.

Geschichte

Der **Apostel Jakobus der Ältere**, der Bruder des Evangelisten Johannes, hatte Teile der Iberischen Halbinsel missioniert und erlitt nach seiner Rückkehr nach Jerusalem im Jahr 44 den Märtyrertod. Die Legende erzählt, daß sein Leichnam nach Galicien überführt worden sei, ans "Ende der Welt" - "*Finis Terrae*" - wo er einst gepredigt hatte, und daß er später in Compostela seine letzte Ruhe fand.

Anfang des 8. Jh. besetzten die Araber, von Nordafrika kommend, den größten Teil der Iberischen Halbinsel, und drängten die Christen in die unzugänglichen Gebirge Nordspaniens zurück. Dort entstand im 8. Jh. das Königreich Asturien, das sich allmählich nach Süden ausdehnte.

Im asturischen Einflußbereich wurde um das Jahr 813 das Grab des Apostels Jakobus entdeckt, der in Spanien den Namen **Santiago** *(San Jacobo)* erhielt. Es ist unbestreitbar, daß Asturien diese Beziehung zur Heilsgeschichte sehr zunutze kam, um vom christlichen Europa politische und wirtschaftliche Unterstützung zu erfahren und den Kampf gegen das maurische Spanien zu legitimieren.

Im Jahr 844 erschien dann auch - nach der Legende - der Apostel Santiago in der Schlacht von Clavijo (bei Logroño) und führte die Christen zum Sieg über die Mauren. In dieser Zeit begann die Pilgerschaft, und der Apostel Santiago wurde als Maurentöter (spanisch *matamoros*) oder als Pilger (*peregrino*) dargestellt.

Die Nachricht von der Entdeckung des Apostelgrabes verbreitete sich in der gesamten Christenheit, und aus ganz Europa strömten Pilger herbei: einfache

Leute, Heilige und Könige. Im Jahr 1139 wurde bereits der erste Pilgerführer geschrieben, der sog. **Codex Calixtinus** des französischen geistlichen Americ Picaud. Die Wallfahrten erlebten ihre Blütezeit zwischen dem 11. und 15. Jh., und der Jakobsweg wurde zum wichtigsten europäischen Pilgerweg.

> *"Die Menge der christlichen Pilger, die nach Santiago gehen*
> *und wieder von dort zurückkehren, ist so groß ,*
> *daß sie kaum den Weg nach Westen offenlassen."*
>
> (Historia Compostelana, 12. Jh.)

Befestigte Wege und Brücken wurden angelegt, Herbergen, Hospitäler, Kirchen und Klöster errichtet. Das gigantische Werk wurde von Fürsten und Kirchenvätern unterstützt. Die intensive Bautätigkeit im Hochmittelalter machte die Romanik zum charakteristischen Baustil des Jakobsweges und zum ersten gesamteuropäischen Kunst- und Architekturstil. Überhaupt waren die Wallfahrten nach Santiago ein entscheidender Faktor bei der **Ausbildung einer gemeinsamen europäischen Identität.**

> *"Europa ist auf der Pilgerschaft geboren*
> *und das Christentum ist seine Muttersprache."*
>
> (Johann Wolfgang von Goethe)

Dank der Wallfahrten erlebten die christlichen Königreiche Nordspaniens einen bedeutenden wirtschaftlichen und kulturellen Aufschwung, was nicht unwesentlich zum Sieg des christlichen über das maurische Spanien beitrug. Nicht umsonst wurde Santiago zum Schutzheiligen Spaniens und der sog. *Reconquista*, der (Wieder-) Eroberung des maurischen Spanien durch die Christen.

Es gab verschiedene Jakobswege, die sich bei **Puente la Reina** in Navarra vereinigten, um dann auf einem einzigen Weg weiterzuführen; dieser Weg wurde *Camino Francés*, der "Französische Weg" genannt, weil er von einer Vielzahl von Ausländern begangen wurde.

Im 16. Jh. ließ die Pilgerbegeisterung nach; es war die Folge einer neuen, neuzeitlichen Lebenseinstellung und des Endes der Reconquista. Als 1589 die Gefahr der Plünderung Santiagos durch den englischen Korsaren Francis Drake bestand, wurden die Reliquien versteckt und gerieten allmählich in Vergessenheit. Erst 1879 wurden sie wiederentdeckt.

Zu einer Neubelebung der Pilgerfahrten kam es aber erst 1985, als die Unesco die Stadt Santiago de Compostela zum **Kulturgut der Menschheit** erklärte. 1993 wurde auch der Hauptweg durch Nordspanien und 1998 die vier wichtigsten Jakobswege durch Frankreich zum Kulturgut der Menschheit erhoben.

Das Heilige Jahr

Wenn der Jakobstag, der 25. Juli, auf einen Sonntag fällt, ist Heiliges Jahr, *Jubileo* (= Jubeljahr). Wer in einem Heiligen Jahr das Apostelgrab besucht und die entsprechenden religiösen Akte vollzieht, erhält vollständigen Ablaß von den Sünden.

In Heiligen Jahren erhöht sich die Zahl der Pilger auf dem Jakobsweg und in Santiago im Vergleich zu normalen Jahren um ein Vielfaches, was heutzutage aber weniger am Wunsch eines Sündenablasses als vielmehr an einer gut gemachten Touristikwerbung der galicischen Landesregierung liegt.

Das nächste Heilige Jahr wird im Jahr 2004 begangen.

Gründe für die Pilgerschaft

Im Mittelalter pilgerte man, um eine Schuld abzutragen oder Ablaß von den Sünden zu erlangen, auf der Suche nach Seelenheil, aus Hoffnung auf Heilung, aber auch einfach nur aus Abenteuerlust. Letzterer Faktor ist nicht zu unterschätzen, denn die Wallfahrt war für die Mehrzahl der mittelalterlichen Pilger die einzige Möglichkeit, aus ihrer streng strukturierten Welt auszubrechen. Damit haben die früheren und die modernen Pilger vieles gemeinsam, denn damals wie heute läßt man auf dem Jakobsweg die Normen des Alltags zurück und begibt sich zurück zu den kulturellen Ursprüngen Europas.

Heutzutage pilgert man aus religiöser, sonstiger geistlicher, kultureller oder sportlicher Motivation. Aber der Jakobsweg ist keinesfalls eine touristische Route oder gar eine Rennstrecke; im Gegenteil: Das geruhsame Pilgern jenseits von Zeit und Ziel ist auch ein Weg zur Selbstfindung. Natürlich darf man sich nichts vormachen: Spanien ist ein industrialisiertes Land und Autobahnen, Fabriken und Großstädten wird man auch auf dem Jakobsweg nicht entgehen. Das entscheidende Erlebnis ist jedoch die Wiederentdeckung der Nächstenliebe und die Begegnung mit Menschen, die alle ihre individuellen Motive zur Pilgerschaft haben und die trotz der Unterschiede vieles verbindet, obwohl man sich doch gar nicht kennt.

Die Jakobsmuschel

Spätestens seit dem Anfang des 12. Jh. ist die Jakobsmuschel (galicisch: *vieira*) das **Symbol der Pilgerschaft** nach Santiago. Historisch ist nicht klar, wie es dazu kam, aber die Legende erklärt es folgendermaßen:

Ein junger Adliger ritt dem Schiff entgegen, das den Leichnam des Apostels Jakobus nach Galicien brachte, und versank dabei in den Fluten. Santiago half ihm wieder ans rettende Ufer, doch war er nun vollkommen von Muscheln bedeckt. Seitdem tragen die Pilger die Muschel als Schutz des Heiligen. Jakobsmuscheln kann man zu Beginn des Jakobsweges in Roncesvalles oder in Jaca, aber auch in anderen Orten käuflich erstehen.

Der Pilgerpaß

Dieses Dokument wird hier separat erwähnt, weil es sich um die **wichtigste Requisite** der Pilgerschaft nach Santiago de Compostela handelt. Ich bezeichne das Dokument als Pilgerpaß, es wird aber auch Pilgerausweis, Pilgerbeglaubigung oder Pilgerbrief genannt; auf spanisch ist die Bezeichnung klar: *credencial de peregrino*. Diese Bescheinigung wird an den ersten Stationen des Jakobsweges kostenlos oder gegen eine kleine Gebühr Pilgern ausgestellt, die den Jakobsweg zu Fuß, mit dem Fahrrad oder zu Pferd zurücklegen.

Es ist jedoch empfehlenswert, sich schon vor der Anreise eine Bescheinigung von der örtlichen Gemeinde oder von einem der in ☞ Reise-Infos von A bis Z, Information genannten Jakobusvereine zu besorgen.

Der Pilgerpaß wird in den Pilgerherbergen und in Kirchen und Klöstern gestempelt. Damit weist man die Pilgerschaft nach und erhält das Recht, in Pilgerherbergen zu übernachten. Außerdem kann man im Pilgerbüro von Santiago de Compostela die Pilgerurkunde *Compostela* ausgestellt bekommen.

Die Pilgerschaft wird offiziell anerkannt, wenn man nachweislich (anhand des Pilgerpasses) mindestens **100 km zu Fuß** oder **200 km mit dem Fahrrad oder zu Pferd** zurückgelegt hat.

Nebenstrecken

Die Jakobswege waren immer Veränderungen unterworfen, und auch im Mittelalter änderte sich gelegentlich der Verlauf eines Weges oder seine Beliebtheit. Dies lag u.a. an der Sicherheit einer bestimmten Strecke, aber auch an den Sehenswürdigkeiten, die ein Umweg bot. Genauso ist auch heute jedweder Umweg zulässig, und im Verlauf der Wegbeschreibung werden verschiedene Nebenstrecken empfohlen.

Alle Wege nach Santiago sind Jakobswege. Der heutige Hauptweg, der sog. *Camino Francés*, der über Roncesvalles bzw. vom Somport-Paß über Puente la

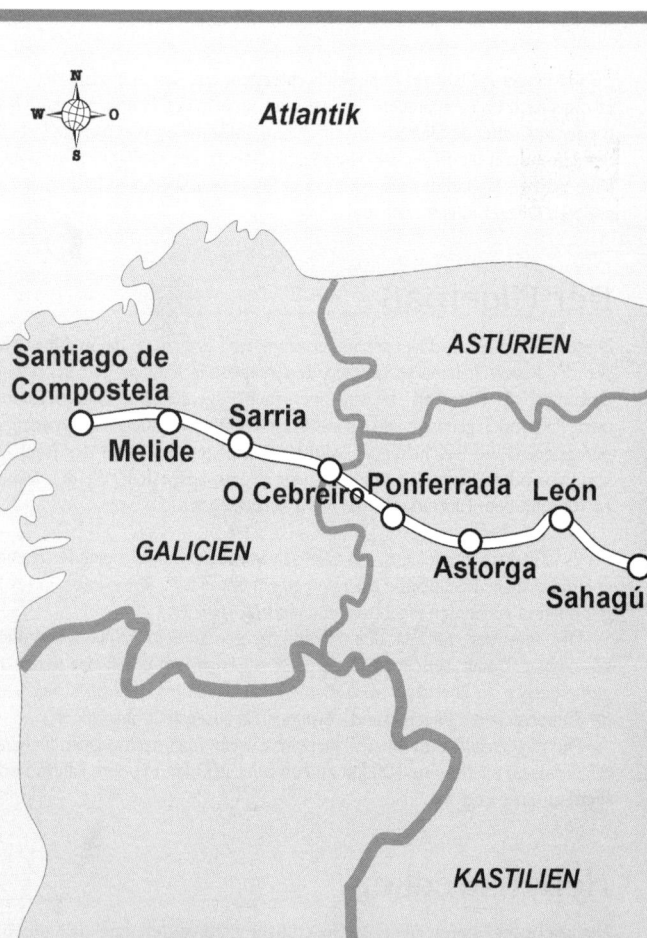

Atlantik

ASTURIEN

Santiago de
Compostela
Melide Sarria
O Cebreiro Ponferrada León
GALICIEN Astorga
Sahagún

KASTILIEN

Portugal

© Stein Verlag

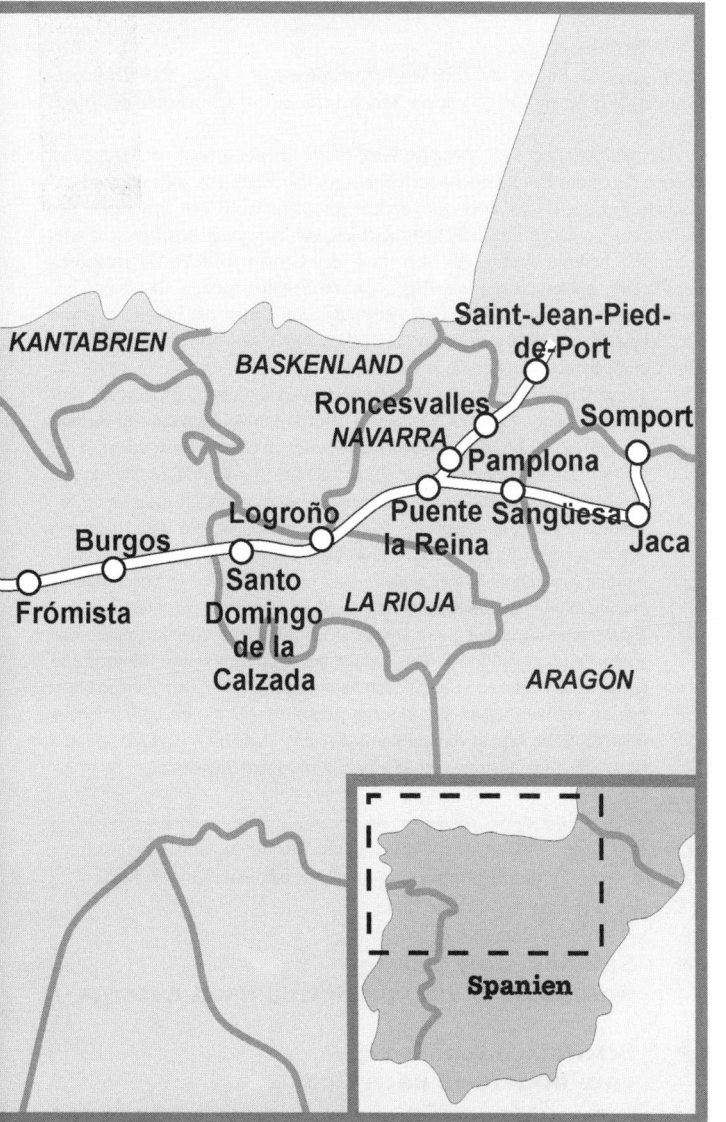

KANTABRIEN

BASKENLAND

Saint-Jean-Pied-de-Port

Roncesvalles

NAVARRA

Somport

Pamplona

Logroño

Puente la Reina

Sangüesa

Burgos

Santo Domingo de la Calzada

Jaca

Frómista

LA RIOJA

ARAGÓN

Spanien

Reina, Logroño, Burgos und León verläuft, wurde erst im 11. Jh., nach der Expansion der christlichen Königreiche nach Süden, zur bevorzugten Route der Pilger.

Der allererste, der sog. **"Primitive Weg"** führte von der asturischen Hauptstadt Oviedo durch das Landesinnere nach Santiago. Die Pilger aus anderen nordspanischen Regionen und auch die ersten europäischen Pilger benutzten den **"Küstenweg"**, solange die südlicheren Gebiete von den Mauren beherrscht oder zumindest bedroht waren. Als sich dann der Camino Francés als Hauptweg durchsetzte, bedienten sich die Pilger, die mit Schiffen zu den nordspanischen Häfen kamen, verschiedener **Zubringerrouten**, von denen die bekannteste von San Sebastián bzw. Irún durch den natürlichen Tunnel von San Adrián und über Vitoria nach Santo Domingo de la Calzada führte.

□   Diese Strecken sowie der klassische Umweg von León nach Oviedo werden im OutdoorHandbuch (Band 71) **Nordspanien: Jakobsweg-Nebenrouten** von Michael Kasper beschrieben, das im Conrad Stein Verlag in der Reihe "Der Weg ist das Ziel", ISBN 3-89392-371-3, im Juni 2001 in der zweiten vollständig überarbeiteten und erweiterten Auflage erschienen ist.. Dieses OutdoorHandbuch ist ideal für Jakobspilger, die den Hauptweg schon kennen und nun traditionelle, aber bisher wenig erschlossene Wegalternativen kennenlernen wollen - und für Pilger, die den besonders im Hochsommer stark frequentierten Hauptweg vermeiden möchten.

□   Ein weiterer Jakobsweg, der allmählich an Beliebtheit zunimmt, aber noch weitgehend unberührt ist, führt entlang der alten **römischen Silberstraße** (*Ruta de la Plata*) von Sevilla nach Astorga, um dort auf den Camino Francés zu stoßen. Neben der Ursprünglichkeit dieser Route ist der kulturgeschichtliche Aspekt von größter Bedeutung, denn der Weg führt über die historisch bedeutsamen Orte Mérida, Cáceres und Salamanca.

Für 2003 plant der Conrad Stein Verlag die Veröffentlichung von zwei weiteren OutdoorHandbüchern über den **Jakobsweg** in der Reihe "Der Weg ist das Ziel" mit den Titeln

▶   **Spanien: Jakobsweg -**
     Ruta de la Plata von Sevilla nach Astorga

▶   **Schweiz: Jakobsweg -**
     vom Bodensee nach Genf

Reise-Infos
von A bis Z

An- und Rückreise

Die Anreise ist gesondert jeweils am Anfang des Aragonesischen und des Navarrischen Weges beschrieben, die Rückreise am Ende des Jakobsweges (☞ Der Aragonesische Weg, Anreise zum Somportpaß / Der Navarrrische Weg, Anreise nach Saint-Jean-Pied-de-Port / Camino Francés, Rückreise).

Ausrüstung

Wanderer haben einen **Rucksack**, der bequem zu tragen sein sollte; die alten Gestellrucksäcke eignen sich für die Wanderschaft nicht. Das Gepäck kann man in Plastiktüten ordnen und dann in eine große Plastik-Mülltüte stecken, so daß bei Regen der Rucksack zwar naß wird, aber das Gepäck trocken bleibt. Beim Packe ist darauf zu achten, daß die schweren Sachen oben liegen. Das Problem ist das Gewicht, das 10 kg nicht übersteigen sollte. Die meisten Pilger nehmen aus verschiedenen Gründen zuviel mit und schicken dann von unterwegs einen Teil des Gepäcks mit der Post wieder nach Hause.

Beachten Sie also bitte:
▶ Nehmen Sie nur die allernötigste Kleidung mit!
▶ Überall auf dem Jakobsweg kann man Wäsche waschen, und sie trocknet schnell.
▶ In Spanien gibt es alles. Nehmen Sie keine Vorräte mit!

Folgendes Gepäck sollten Sie nicht vergessen:
▶ Schlafsack, der im Sommer sehr leicht sein kann;
▶ Isomatte, um ggf. in den Herbergen auf dem Boden zu schlafen;
▶ ein Paar leichte, gut eingelaufene Wanderschuhe oder gute Sportschuhe;
▶ leichtes Regencape;
▶ Pullover, auch im Sommer;
▶ leichte Jacke;
▶ eine lange Hose und im Sommer zwei kurze Hosen;
▶ Badelatschen zum Duschen;
▶ Badeanzug/Badehose im Sommer zum Baden in den Flüssen;
▶ Waschmittel für die Wäsche;
▶ Sicherheitsnadeln (statt Wäscheklammern), um die gewaschene Kleidung beim Wandern an den Rucksack zu hängen;
▶ Messer und Büchsenöffner;
▶ Wasserflasche;

▶ im Sommer Mütze oder Strohhut und Sonnenschutzmittel;
▶ eine leichte Umhängetasche, um das Nötigste zur Hand zu haben.

Weitere Tips:
▶ Informationsmaterial, Broschüren usw. kann man von unterwegs nach Hause schicken.
▶ Nehmen Sie lieber weniger Gepäck mit, und kaufen Sie unterwegs nach (z.B. T-Shirts).

Wanderstock

Ein Wanderstock kann hilfreich oder hinderlich sein, je nach Beschaffenheit. Ein guter Wanderstock sollte elastisch sein, am besten aus Haselnußholz bestehen, und er sollte 20 cm höher sein als die Person, die ihn trägt, weil so ein harmonisches Gleichgewicht erreicht wird. Ein solcher Stock dient als Stütze, öffnet die Atmung und kann gelegentlich vor Hunden schützen.

CD Diplomatische Vertretungen

Ⓓ Deutsche Botschaft, Calle Fortuny 8, 28010 Madrid, ☎ 915579000, FAX 13102104

Ⓐ Österreichische Botschaft, Paseo de la Castellana 91, 28046 Madrid, ☎ 915565315, FAX 915973579.

ⒸⒽ Schweizer Botschaft, Calle Nuñez de Balboa 35, Edificio Goya, 28001 Madrid, ☎ 914363960, FAX 914363980.

Ⓓ Spanische Botschaft, Schöneberger Ufer 89-91, 10785 Berlin, ☎ 030/2540070, FAX 030/25799557.

Ⓐ Spanische Botschaft, Argentinierstraße 34, 1040 Wien, ☎ 01/5055788-89, FAX 505578825.

ⒸⒽ Spanische Botschaft, Kalcheggweg 24, 3006 Bern, ☎ 031/3520412-13, FAX 3515229.

🛒 Einkaufen

Spanien ist ein modernes Land, und es gibt alles zu kaufen. Es ist nicht nötig, Vorräte aus Deutschland mitzunehmen, weder Lebensmittel noch Filme für den Fotoapparat. Da ein Grundsatz einer guten Reisevorbereitung ist, so wenig

Gepäck wie möglich mitzunehmen, lassen Sie bitte alles zu Hause, was Sie nicht sofort brauchen und später hinzukaufen können.

Lebensmittelgeschäfte gibt es in fast jedem Ort. Es ist nicht nötig, für mehrere Tage im voraus einzukaufen. Je größer der Ort ist, desto größer sind auch die Lebensmittelgeschäfte, vom kleinen Tante-Emma-Laden über kleinere Selbstbedienungsgeschäfte bis hin zu großen Supermärkten in den Städten. Da die Übergänge fließend sind, wird lediglich angegeben, ob es in dem betreffenden Ort eine Einkaufsmöglichkeit gibt.

✚ Erste Hilfe

Jeder Pilger sollte in der Lage sein, die einfachsten Probleme selbst zu lösen. In den Pilgerherbergen ist man darauf vorbereitet, den Pilgern Erste Hilfe zu leisten. Zur eigenen **Reiseapotheke** sollten normales Pflaster, spezielles Blasenpflaster, eine Nagelschere, Desinfektionsmittel, eine infektionshemmende Salbe und eine Binde gehören.

Das größte Problem ist, wie man Blasen vorbeugt und sie behandelt. Die wichtigsten Tips zur Vorbeugung sind: nur gut eingelaufene Schuhe tragen; möglichst Socken oder Strümpfe ohne Nähte tragen; Socken oder Strümpfe mit der Innenseite nach außen tragen, um den Druck der Nähte zu verringern; dünne Nylonsöckchen unter die normalen Socken oder Strümpfe ziehen.

Zur **Behandlung von Blasen** gibt es unterschiedliche Tips. Man sollte die Blasen aufschneiden, desinfizieren und gut trocknen lassen, so daß sich so schnell wie möglich neue Haut bilden kann. Heutzutage gibt es neue und sehr wirkungsvolle Blasenpflaster (z.B. *Compeed*).

℞   **Apotheken** gibt es in zahlreichen Orten. Auch Sonntagsdienste sind eingerichtet. Die gängigsten Medikamente kann man aber auch im Erste-Hilfe-Kasten der Pilgerherbergen bekommen.

✗ Essen und Trinken

In allen Orten auf dem Jakobsweg kann man - auch am Wochenende - sowohl ein Mittags- als auch ein Abendmenü für etwa Ptas. 1.000 (ca. DM 12), bekommen. Bei einem solchen Menü kann man zwischen verschiedenen Vor-, Haupt- und Nachspeisen wählen, meist ist auch ein Getränk im Preis eingeschlossen. In vielen Orten wird ein solches Menü sogar als **Pilgermenü** - *Menú del peregrino* - angeboten; es ist aber das gleiche wie das für Nicht-Pilger.

Bei den günstigen Preisen sollte man sich gut überlegen, ob es billiger ist, einzukaufen und selbst Essen zu machen oder bequem und preiswert zu Mittag zu essen. Essen zu gehen ist eine gute Möglichkeit, regionale Spezialitäten kennen zu lernen.

☹   Wenn in der Pilgerherberge kein Frühstück angeboten wird und man selbst nichts Eßbares dabei hat, dann wird man mit leerem Magen aufbrechen müssen. Gaststätten öffnen nämlich frühestens gegene 8:00.

☺   Die Essenszeiten in Spanien sind anders als bei uns: Zu Mittag ißt man zwischen 13:00 und 15:00 und zu Abend ab 20:00, häufig sogar erst ab 21:00.

Etappen

Ich halte es nicht für sinnvoll, Etappenempfehlungen zu geben, weil jeder Wanderer ganz unterschiedliche Entfernungen zurücklegt und diese Empfehlungen letztlich nicht berücksichtigt werden. Darum werden nur die Entfernungen bis zur nächsten Pilgerherberge angegeben, und jeder kann sich so sein individuelles Programm zusammenstellen, ohne sich an irgendwelche fiktiven Vorgaben zu halten. Man kann von 25 bis 30 km pro Tag ausgehen, sollte aber am Anfang weniger wandern, um sich daran zu gewöhnen und nicht schon nach wenigen Tagen die Füße voller Blasen zu haben.

Die **Kilometerangaben** beziehen sich immer auf die Ortszentren. Wenn sich eine Pilgerherberge außerhalb des Zentrums befindet, werden die Entfernungen gesondert aufgeführt. Bei Orten mit mehr als 1.000 Einwohnern (Ew.) wird die Einwohnerzahl angegeben.

Es gibt Pilger, die nur Aragón und/oder Navarra bereisen, dann von Logroño mit dem Bus nach León fahren und von dort weiterpilgern. Andere teilen den Jakobsweg in mehrere große Abschnitte auf und bereisen diese in verschiedenen Urlauben.

Zur allgemeinen Orientierung sind in der folgenden Übersicht die **Entfernungen** in groben Abschnitten angegeben (Nebenstrecken bleiben unberücksichtigt):

Somport - Logroño	ca. 230 km
Saint-Jean-Pied-de-Port - Logroño	ca. 175 km
Logroño - Burgos	ca. 125 km
Burgos - León	ca. 185 km
León - Santiago de Compostela	ca. 325 km

🎼 Geld

Die Währung in Spanien ist die **Pesete**. Im Jahr 2000 betrug der Wechselkurs etwa Ptas. 100 = DM 1,175 oder äquivalent DM 1 = Ptas. 85. Die früher existierende Untereinheit der Céntimos gibt es schon lange nicht mehr.

Es ist egal, ob Sie in Deutschland oder in Spanien tauschen. Normalerweise ist der **Wechselkurs** in Spanien günstiger, aber oft muß man Gebühren bezahlen, was den Kursvorteil ausgleicht. Nehmen Sie nur so viel Bargeld mit, wie Sie brauchen! Man muß mit täglichen Ausgaben von Ptas. 3.000 bis 4.000 rechnen.

Am einfachsten ist es, eine **Kreditkarte** zu benutzen, denn heutzutage haben alle Banken einen Geldautomaten, an dem Sie Geld abheben können, und in jeder kleinen Stadt gibt es eine Bank. Vergewissern Sie sich während der Reise, bei welchen Automaten Ihnen keine Gebühren berechnet werden! Reiseschecks mitzunehmen lohnt sich nicht, denn die Banken berechnen hohe Gebühren.

🄸 Information

Spanische Fremdenverkehrsämter

- Ⓓ Kurfürstendamm 180, 10707 Berlin, ☎ 030/8826543, FAX 030/8826661.
- ♦ Grafenberger Allee 100, 40237 Düsseldorf, ☎ 0211/6803980, FAX 0211/6803985.
- ♦ Myliusstraße 14, 60323 Frankfurt/Main, ☎ 069/725033, FAX 069/725313.
- ♦ Postfach 151940, 80051 München, ☎ 089/530158, FAX 089/5328680.
- Ⓐ Walfischgasse 8/14, 1010 Wien 1, ☎ 01/5129580, FAX 01/5129581.
- ⒸⒽ Seefelder Straße 19, 8008 Zürich, ☎ 01/2527930-31, FAX 01/2526204.

Jakobusvereine in Deutschland und der Schweiz

Diese Gesellschaften geben uneigennützig Informationen und stellen Pilgerbeglaubigungen aus. Es ist erforderlich, bei Anfragen einen frankierten Rückumschlag beizulegen.

- Ⓓ Deutsche St. Jakobus-Gesellschaft, Harscampstraße 20, 52062 Aachen.
- ♦ Sankt-Jakobusbruderschaft Düsseldorf, Rathausstr. 29, 42659 Solingen.
- ♦ Fränkische St. Jakobusgesellschaft, 67769 Bad Brückenau.
- Ⓐ St. Jakobusbruderschaft, Stangaustr. 7, 2392 Sulz im Wienerwald.
- ♦ Österreichische Jakobusgesellschaft, Großvolderbergstr. 16A, 6111 Volders.
- ⒸⒽ Die Freunde des Jakobsweges, Schützenstraße 19, 8702 Zollikon.
- ♦ Les amis du chemin de Saint-Jacques, Route de Pré-Marais, 1233 Bernex.

ℹ Pilgerinformation in Spanien

♦ Oficina de Información del Camino de Santiago, Travesia de Palacio 9, 26001 Logroño (Rioja), ☎ 941245674.

♦ Oficina de Información del Camino de Santiago, Monasterio de San Zoilo, 34120 Carrión de los Condes (Kastilien), ☎ 979880902.

Klima und Reisezeit

Die günstigste Reisezeit sind die Monate von **April bis Oktober**. Im April, Mai und Oktober kann es jedoch kalt werden und in den Pyrenäen kann es regnen oder schneien. Galicien hat ein feuchtes Klima und die Niederschläge sind gleichmäßig über das Jahr verteilt, wenn es auch im Sommer etwas weniger regnet.

Im Juli und August kann es in Südnavarra, in der Rioja und in Kastilien sehr heiß werden, so daß man die frühen Morgenstunden zum Wandern nutzen sollte. Aber auch der Abend ist durch die hohe Lage des Landesinnern kühl und sehr angenehm zum Wandern; der Nachteil dabei ist, daß im Sommer dann wahrscheinlich schon alle Betten besetzt sind.

Das kastilische Sprichwort sagt: *"Nueve meses de invierno y tres meses de infierno"* (= "Neun Monate Winter und drei Monate Hölle"), was bedeutet, daß es lange kalt ist und im Sommer dann sehr heiß wird. Das ist sicherlich etwas übertrieben, aber der Winter dauert von Dezember bis Februar mit Tages- und Nachttemperaturen, die um den Gefrierpunkt liegen können. Auch in Navarra und La Rioja verhält es sich ähnlich, nur Galicien hat ein gemäßigteres ozeanisches Klima. Schnee gibt es außer in den Pyrenäen und den Bergen von León kaum auf dem Jakobsweg.

Ein Problem sind die vielen Gruppen jugendlicher Pilger, die in den Sommermonaten den Jakobsweg vor allem ab León überschwemmen. Morgens setzt dann ein wahres Rennen ein, um noch am Vormittag die besten Schlafplätze zu ergattern. In Anbetracht dessen und der klimatischen Verhältnisse sind am ehesten die Monate Mai und Juni sowie Mitte August bis Ende September zu empfehlen. Im Winter dagegen ist das Pilgererlebnis am authentischsten, nur wird man dann einige Pilgerherbergen geschlossen und die meisten ohne Heizung vorfinden.

Landkarten und Wegmarkierungen

Es gibt keine Wanderkarten, die den gesamten Jakobsweg übersichtlich darstellen. Beim Wandern muß man sich also nach den **Markierungen** am Weg richten sowie die **Wegbeschreibungen** in diesem Buch berücksichtigen.

Auch die im vorliegenden Wanderführer veröffentlichten Karten können nur einen groben Überblick geben. Der Jakobsweg ist aber in der Regel gut markiert.

Es gibt **gelbe Pfeile**, die die spanischen Jakobusvereine auf Bäume, Steine, Hauswände usw. gemalt haben. Weiterhin gibt es **rot-weiße Markierungen** des Europa-Wanderweges GR 65 (GR = *Gran Recorrido* = Großer Wanderweg), der fast immer dem Jakobsweg entspricht. Außerdem gibt es am Jakobsweg Schilder, die meistens die **stilisierte Jakobsmuschel** und seltener Pilger darstellen.

Sind die Markierungen am Weg nicht klar und eindeutig, wird im Text besonders darauf hingewiesen. Der Jakobsweg wird jedoch von Jahr zu Jahr verändert, und die Markierungen werden weiter verbessert, so daß einige Hinweise aus dem Jahr 2000 schon 2001 veraltet sein können.

Einen Überblick über die in diesem Buch behandelte Region geben folgende Karten:

- Michelin, Karten 441 und 442, Maßstab 1:400.000.
- RV Karte: Spanische Atlantikküste, Maßstab 1:300.000.
- Karte: El Camino de Santiago, Maßstab 1:600.000.
- Freytag & Berndt, Spanien Nord - Jakobsweg, 1:500.00 (mit Indexheft).

📖 Literaturtips

- **Bottineau, Yves**: *Der Weg der Jakobspilger*. Geschichte, Kunst und Kultur der Wallfahrt nach Santiago de Compostela, Lübbe 1987 (auch Bastei-TB).
- **Coelho, Paolo:** *Auf dem Jakobsweg.* Tagebuch einer Pilgerreise nach Santiago de Compostela, Diogenes 1999. ISBN 3-257-23115-6
- **Freund, René**: Bis ans Ende der Welt - Zu Fuß auf dem Jakobsweg, 1999, Picus Verlag (Reihe Lesereisen), ISBN 3-85452-722-5.
- **Hell, Vera und Helmut**: *Die große Wallfahrt des Mittelalters.* Kunst an den romanischen Pilgerstraßen durch Frankreich und Spanien nach Santiago de Compostela, Wasmuth 1985 (4. Auflage). ISBN 3-8030-4001-9
- **Herbers, Klaus**: *Der Jakobsweg.* Mit einem mittelalterlichen Pilgerführer unterwegs nach Santiago de Compostela, Narr 1995 (Übersetzung des mittelalterlichen Pilgerführers *Codex Calixtinus*). ISBN 3-87808-312-2.
- **Kasper, Michael**: *Nordspanien: Jakobsweg-Nebenrouten.* Der Weg ist das Ziel - OutdoorHandbuch Bd 71, Conrad Stein Verlag, ISBN 3-89392-371-3.
- **Legler, Rolf**: *Sternenstraße und Pilgerweg.* Der Jakobuskult v. Santiago de Compostela - Wahrheit u. Fälschung, Lübbe 1999. ISBN 3-7857-0976-5.
- **Müller, Peter**: *Wer aufbricht, kommt auch heim.* Vom Unterwegssein auf dem Jakobsweg. Ein spiritueller Begleiter, Verlag am Eschbach 1993 (zur spirituellen und religiösen Dimension des Weges). ISBN 3-88671-126-9.

♦   **Ohler, Norbert**: *Pilgerstab und Jakobsmuschel*. Wallfahrten in Mittelalter und Neuzeit, Artemis und Winkler 2000. ISBN 3-538-07101-2.

♦   **Treiber, Benno:** *Camino a Santiago 2001* Kunstkalender in handgemachtem Siebdruck für das Jahr 2001. 13 mehrfarbige Serigraphien limitierter Auflage in den Blattformaten 40 × 60 cm (DM 96). Texte und Anregungen von Michael Kasper. Bestellung und Informationen bei: Benno Treiber, Galerie Casa del Pájaro, E - 03590 Altea, Spanien, ☎ 0034/96/5842304, auch im Internet: <www. atelier-prisma.de.>

🖥   http://home.t-online.de/home/compostela/98.htm (Bücherliste im Internet).

☺   Eine vollständige Literaturliste ist erhältlich bei:

♦   Verlag und Versandbuchhandel Manfred Zentgraf ("Der Spezialist für den Jakobspilger"), In den Böden 38, 97332 Volkach/Main, ☎ 09381/4492, 〔FAX〕 6260.

✚ Medizinische Versorgung

Für **Krankheitsfälle** in Spanien kommen die deutschen Krankenkassen auf. Erkundigen Sie sich vor der Reise bei Ihrer Krankenkasse über den Umfang des Versicherungsschutzes und die Vorgehensweise im Krankheitsfall.

Die privaten Krankenkassen erstatten auch die Behandlungskosten für Privatärzte und Privatkliniken, aber man muß zunächst **Vorkasse** leisten. Das staatliche Gesundheitswesen funktioniert jedoch heute in Spanien in der Regel recht gut, wenn man auch oft lange Wartezeiten in Kauf nehmen muß.

Anstatt sich direkt an einen Arzt zu wenden, geht man in Spanien zum **Gesundheitszentrum** (*centro de salud* oder *centro médico*), wo man den Auslandskrankenschein der deutschen Krankenkasse vorlegt. Dort bekommt man einen spanischen Krankenschein und wird zum allgemeinen Arzt geschickt, der dann ggf. zum Facharzt überweist. Gesundheitszentren befinden sich in allen größeren Städten. In allen bewohnten Ortschaften gibt es heutzutage ärztliche Versorgung, aber die Sprechstunden sind zeitlich sehr eingeschränkt. Sollten Sie dringend einen Arzt brauchen, fragen Sie nach dem *consultorio médico*; vielleicht haben Sie ja Glück und die Praxis ist besetzt.

In Notfällen kann man sich immer an **Krankenhäuser** (*hospital*) an die Abteilung *urgencias* wenden, die es aber nur in Großstädten gibt. Bei einfacherer medizinischer Betreuung helfen das Rote Kreuz oder die ähnlich funktionierende Organisation DYA kostenlos weiter. Gesundheitszentren, Krankenhäuser, Rotes Kreuz und DYA sind in der Streckenbeschreibung allgemein mit ✚ angegeben.

Natur

Nordspanien ist ein Naturparadies und besonders für Vogelfreunde ist der Jakobsweg eine echte Offenbarung. Auf dem **Ibañetapaß** bei Roncesvalles und am Stausee **Embalse de las Cañas** nördlich von Logroño gibt es Beobachtungsstationen.

☺   Das empfehlenswerteste Naturerlebnis ist die Wanderung auf der Nebenstrecke von **Jaca** nach **San Juan de la Peña**.

Notruf

Polizei, Feuerwehr und Notarzt bzw. Krankenwagen: ☎ 112.

☎ Post und Telekommunikation ☏

Post
▶   Jedes größere Dorf hat eine Post. Der Postweg in Spanien ist erheblich
besser als früher, aber mit etwa **drei bis fünf Tagen** muß man für die Zustellung
rechnen.

▶   Eilbriefe (*urgente*) und Einschreiben (*certificado*) sind nicht sehr teuer.
Man kann sich Briefe postlagernd (*lista de correos*) zuschicken lassen. Postkarten
und Briefe müssen mit Ptas. 75 frankiert werden.

Telefon
▶   In allen Dörfern gibt es ein öffentliches Telefon (*teléfono público*); in kleinen Dörfern befindet es sich normalerweise in einer Privatwohnung, ist aber für
jeden nutzbar. Auch aus Restaurants und anderen Lokalen (*bar*) kann man anrufen.

▶   **Von Spanien nach Deutschland, Österreich und der Schweiz** wählt man
die internationale Vorwahl (0049 für Deutschland, 0043 für Österreich und
0041 für die Schweiz) und im Anschluß daran die Orts-Vorwahl ohne die 0 und
anschließend dier Teilnehmernummer. Von Deutschland, Österreich und der
Schweiz nach Spanien wählt man 0034 und die vollständige spanische Ruf-
nummer, die immer neun Ziffern hat.

🖐 Bei innerspanischen Gesprächen wählen Sie immer neun Ziffern! 1998 wurde das spanische Vorwahl-System umgestellt. Seitdem muß die Provinzvorwahl auch bei Gesprächen innerhalb der Provinz und sogar innerhalb derselben Ortschaft gewählt werden.

▶ Für **Auslandsgespräche** gilt ein ermäßigter Tarif von 22:00 bis 8:00, am Samstag ab 14:00 und am Sonntag durchgehend. Für Ortsgespräche müssen Sie Ptas. 20 in den Münzfernsprecher einwerfen, für innerspanische Gespräche mindestens Ptas. 50 und für Auslandsgespräche mindestens Ptas. 200. Es gibt auch Telefonkarten, die man in allen Tabakläden (*estanco*) kaufen kann.

🚲 Radfahrer

Radfahrer, die den Jakobsweg nur auf Landstraßen zurücklegen, werden den Zauber des Weges kaum genießen können. Der größte Teil des Wanderweges ist aber auch mit **geländegängigen Fahrrädern** (Mountainbike o.ä.) machbar, wenn auch mit der Einschränkung, daß man gelegentlich absteigen und schieben muß. Die Beschreibungen in diesem Buch dienen darum sowohl Radfahrern als auch Wanderern.

Unwegsame Strecken findet man vor allem in den Pyrenäen und in Galicien, und sie sind in der Wegbeschreibung am Anfang eines jeden Abschnitts genannt. Unter den Ortschaften sind Fahrradwerkstätten mit dem Zeichen 🔧 angegeben.

Die An- und Abreise gestaltet sich für Radfahrer schwieriger, weil man in den meisten spanischen und französischen Zügen keine Fahrräder mitführen darf; sie müssen also aufgegeben werden. Schließlich ist darauf hinzuweisen, daß Fußpilger in den Herbergen Vorrang haben, was Radfahrer in den Sommermonaten dazu verurteilt, fast immer auf dem Boden zu schlafen. Vergessen Sie darum Ihre Isomatte nicht!

Radfahrer haben natürlich **Satteltaschen** dabei. Die Reduzierung des Gepäcks ist höchstes Gebot, denn wenn man mit vollbepackten Satteltaschen vorne und hinten fährt, wird das Rad schwer kontrollierbar. Achten Sie gelegentlich darauf, daß sich die Schrauben des Gepäckträgers nicht lösen!

Nehmen Sie folgende Grundausstattung an **Werkzeug und Ersatzteilen** mit: Flickzeug, Schraubenschlüssel, Schraubenzieher, Zange, Imbusschlüssel, Speichenspanner, Ersatzspeichen, Nietenzieher (für "Erste Hilfe" beim Kettenriß), Ersatzschlauch, Öl. Sie brauchen keinen Ersatzmantel, diesen können Sie bei Bedarf in Spanien kaufen.

Sprache

Leider trifft man auf dem spanischen Jakobsweg immer noch sehr viele ausländische Pilger, die zwar freundlich lächeln, aber kein Wort des Grußes hervorbringen, weil sie diese nicht gelernt haben.

So entsteht bei den Spaniern der Eindruck, daß die Ausländer nicht gerne grüßen und unfreundlich seien. Dabei ist es so einfach, zur Begrüßung ein kurzes *Hola* ("Hallo", *olá* ausgesprochen) und zum Abschied ein ebenso kurzes *Adiós* ("Ade") zu sagen, oder etwas komplizierter den vertraulichen Pilgergruß *Buen Camino* ("Guten Weg", Jakobsweg natürlich).

Unterkunft

Überall auf dem Jakobsweg findet man zahlreiche **Hotels**, **Hostals** (kleinere Hotels) und **Pensionen**, aber in der Regel gibt dieses Buch keine diesbezüglichen Empfehlungen, weil die typische Pilgerunterkunft die **Pilgerherbergen** sind, von denen es etwa 85 auf dem gesamten Jakobsweg gibt. Diese Pilgerherbergen sind im vorliegenden Wanderführer mit 🏠 gekennzeichnet; **Notunterkünfte** sind dagegen mit 🛖 angegeben.

Für Pilger, die nicht immer in den Gemeinschaftsschlafräumen der Pilgerherbergen unterkommen wollen, gibt es in allen Orten, in denen das Symbol 🛏 angegeben ist, preiswerte Unterkünfte in Pensionen (*pensión*) oder Hostals (*hostal*), die pro Nacht und Person etwa Ptas. 2.000 bis 3.000 kosten, also etwa DM 30.

🏠 Pilgerherbergen

Informationen über Pilgerherbergen sind elementar für den Jakobspilger und nehmen dementsprechend im vorliegenden Wanderführer einen beträchtlichen Platz ein. In diesen Herbergen darf man nur übernachten, wenn man den Pilgerpaß besitzt. Man darf **nur eine Nacht** bleiben, und es gibt **keine Reservierung**, sondern die Plätze werden bei Ankunft der Pilger vergeben.

🖐 Bei den Pilgerherbergen sind Telefonnummern genannt. Diese dienen zu Ihrer Information, insbesondere wenn sie von Oktober bis vor Ostern unterwegs sind, um sich zu vergewissern, ob die Herbergen geöffnet sind. Oft handelt es sich nicht um Telefone, die in den Pilgerherbergen installiert sind, sondern um Privattelefone der Herbergsbetreuer und um Telefonnummern von Rathäusern und Pfarrämtern. Diese Telefone dienen also nicht dazu, daß Ihre Angehörigen abends versuchen, Sie in den Pilgerherbergen zu lokalisieren.

Redewendungen

buenos días	guten Tag (bis mittags)
buenas tardes	guten Tag (ab mittags)
buenas noches	guten Abend, gute Nacht
hola	hallo
adiós	auf Wiedersehen
hasta luego	bis später, auf Wiedersehen
buen camino	(ich wünsche einen) guten (Jakobs-)Weg
gracias	danke
por favor	bitte
perdón	Entschuldigung
dónde está ... ?	Wo ist ... ?
dónde hay ... ?	Wo gibt es ... ?

Diese Wörter können Ihnen nützlich sein

albergue (de peregrinos)	(Pilger-)herberge
alcalde	Bürgermeister
ampolla	Fußblase
base de acampada	Zeltlager
botafumeiro	gal.: (Weih-)Rauchkessel
calle	Straße
calzada romana	Römerstraße
camino	Weg
camino de Santiago	Jakobsweg
camino francés	"Französischer Weg" = Jakobsweg der Franzosen
Centro de Salud	Gesundheitszentrum
Cruz Roja	Rotes Kreuz
don/doña	förmliche Anrede mit Vornamen
estación	Bahnhof
estación de autobuses	Busbahnhof
frontón	offene Halle für das baskisch-navarrirische Ballspiel
fuente	Quelle, Brunnen
hospedaría	Herberge
hospitalera/hospitalero	Herbergsmutter/Herbergsvater
iglesia	Kirche
Junta	Regierung einer spanischen Region
manta	Decke
mesón	Wirtshaus (Restaurant)
mochila	Rucksack
peregrino	Pilger
refugio	Schutzhütte
rúa	altspan. und gal.: Straße
saco de dormir	Schlafsack
señor/señora	Herr/Frau; Anrede mit dem Nachnamen

Die Pilgerherbergen werden unter vielen Opfern geführt und sind nicht kommerziell. Ein kleines Dorf, das eine Herberge unterhält, tut das uneigennützig und möchte nur die Tradition aufrechterhalten. Das Dorf hat damit keinerlei Einnahmen, sondern nur Ausgaben. Respektieren Sie das bitte als Pilger, und nehmen Sie dankend das an, was man Ihnen bietet. Wer mehr erwartet oder verlangt, hat immer die Wahl, in ein Hotel zu gehen, so wie das auch schon die mittelalterlichen Pilger taten. **Bescheidenheit** ist auf dem Jakobsweg erste Pflicht. Vergessen Sie nicht Ihre **Spende**! Auch das ist christliche Pilgertradition.

In Galicien werden alle Pilgerherbergen von der galicischen Landesregierung unterhalten, aber in den anderen Regionen können sie sowohl von der Landesregierung als auch von der Kirche, einem Kloster, der Stadt, einem spanischen oder ausländischen Jakobusverein oder sogar von Privatpersonen unterhalten werden. Dementsprechend unterschiedlich sind auch die Regeln, die in den Herbergen gelten; ich habe diese jeweils bei der entsprechenden Herberge resümiert.

Im allgemeinen schließen die Herbergen abends zwischen 22:00 und 23:00, um eine erholsame Nachtruhe zu gewährleisten. Morgens müssen die Pilger die Herberge bis etwa 9:00 verlassen haben. Die **Öffnungszeiten** sind sehr unterschiedlich; es gibt Herbergen, die ganztägig geöffnet sind, und andere, die erst nachmittags öffnen. In Galicien sind die Herbergen einheitlich ab 13:00 geöffnet.

Manche Herbergen sind das ganze Jahr über in Betrieb, andere nur von Ostern bis Ende September oder gar nur in den Sommermonaten. Sollten Sie im Winter reisen, vergewissern Sie sich anhand der Angaben in diesem Buch und durch Fragen in den jeweils vorher besuchten Herbergen, welche Herbergen auf dem weiteren Weg geöffnet sind.

Viele Herbergen in Navarra, La Rioja und Kastilien werden in den Sommermonaten von **Freiwilligen** geführt, den sog. *hospitaleros voluntarios*, die selbst Jakobsweg-Erfahrung haben und in der Betreuung der Pilger ausgebildet sind. Oft kann man ausgesprochen interessante Persönlichkeiten unter ihnen kennenlernen.

Eine Zeitlang waren alle Pilgerherbergen kostenlos, und die Pilger hinterließen Spenden, aber heutzutage besteht vielfach die Tendenz, einen **Kostenbeitrag** von Ptas. 300 bis 500 zu kassieren; nur in Galicien sind die Herbergen auch weiterhin kostenlos. Wo nichts verlangt wird, sollten die Pilger jedoch etwa Ptas. 300 als Spende hinterlassen.

Pilger zu Fuß haben bei der Besetzung der Betten oder Liegen Vorrang vor Radfahrern und Reitern, und erst ganz am Ende werden Insassen von Begleitfahrzeugen aufgenommen.

In den Sommermonaten bedeutet das ganz klar, daß zumeist nur Fußpilger ein Bett bekommen können und die anderen Pilger auf dem Boden auf den mitgeführten Isomatten schlafen müssen.

Warme Duschen sind heutzutage eine Selbstverständlichkeit; sollten sie einmal fehlen, wird extra darauf hingewiesen. In vielen Pilgerherbergen gibt es **Küchen**, in denen Essen zubereitet werden kann und wo es oft Geschirr und einfache Hilfsmittel wie Salz, Gewürze usw. gibt. Es muß aber darauf hingewiesen werden, daß es in den galicischen Küchen kein Geschirr gibt.

 Hunde sind in den Herbergen am Jakobsweg nicht erlaubt!

⚠ Camping

In der Reisebeschreibung sind **Campingplätze** nicht berücksichtigt, weil das Zelt einerseits das Gewicht des Gepäcks sehr erhöht und weil andererseits die Pilgerherbergen die typische Unterkunft für Jakobspilger sind. Wer dennoch zelten möchte, kann sich bei der Einreise in Spanien einen Campingführer zulegen; Campingplätze gibt es überall in Spanien und somit auch am Jakobsweg. Wildes Zelten ist in Spanien verboten.

⬤ Trinkwasser

Das Vorurteil, daß es auf dem Jakobsweg nur wenig Wasser gibt, ist übertrieben und gehört spätestens seit dem Heiligen Jahr 1993 der Vergangenheit an, denn viele **Brunnen** wurden angelegt. Sollten Sie einmal nicht den Dorfbrunnen finden oder vergessen haben, Wasser nachzufüllen, dann helfen die Anlieger in den Dörfern am Jakobsweg gerne. Normalerweise reicht also auch im Hochsommer das Wasser einer Einliterflasche.

Ruesta -jfw

Der Aragonesische Weg

Die meisten Pilger beginnen ihren Weg in **Saint-Jean-Pied-de-Port** bzw. in **Roncesvalles**, vor allem wohl, weil das der klassische Anfang ist, aber der ca. 860 km lange Weg über **Aragón** bietet noch mehr. Das Hochgebirge, historische Stätten wie Jaca, San Juan de la Peña, Leire und Sangüesa, faszinierende Landschaften und absolute Einsamkeit auf weiten Strecken machen diesen Weg zu einem beeindruckenden Erlebnis. Man wird wohl drei Tage länger unterwegs sein als auf dem Navarrischen Weg, aber es lohnt sich.

Der Jakobsweg durch Aragón führt vom Somportpaß südlich nach Jaca und von dort immer in westlicher Richtung bis nach Puente la Reina in Navarra, wo er sich mit dem Navarrischen Weg vereint. Auf dem Weg durch Aragón gibt es zwei empfehlenswerte Nebenstrecken, die ausführlich beschrieben werden: die erste über das Kloster San Juan de la Peña und die zweite über das Kloster Leire und die Schlucht Foz de Lumbier.

Anreise zum Somportpaß

Die alte Bahnlinie über die Pyrenäen ist heute stillgelegt und erst auf spanischer Seite ab **Canfranc** in Betrieb. Der Jakobsweg ist auf französischer Seite noch nicht markiert. Anstatt auf der Straße zu laufen, empfiehlt es sich, mit dem Bus bis zur Grenze zum Somportpaß zu fahren und ab dort auf spanischer Seite dem markierten Wanderweg zu folgen.

🚶 Anreise für Wanderer

Die Anreise erfolgt mit der Bahn über Paris nach **Pau** in Südfrankreich, wobei sich ein Nachtzug mit Liegewagen empfiehlt, damit man genug Zeit hat, bis zum Somportpaß zu fahren und von dort bis Canfranc zu wandern. Von Pau fährt man mit dem Zug ins 33 km entfernte Oloron, wo man in einen Bus umsteigt, der für die Fahrt zum 55 km entfernten Somport-Paß und nach Canfranc bereitsteht.

◆   **Fahrplan Pau - Somport/Canfranc** (einschl. umsteigen in Oloron): Mindestens vier Züge pro Tag von Pau nach Oloron; die Fahrzeiten ändern sich je nach Wochentag und Jahreszeit. Die Zugfahrt dauert 37 Min.; 5 Min. später fährt der Bus weiter, der nach etwa anderthalb Stunden den Somportpaß bzw. Canfranc erreicht.

🖐 2002 soll der 8.608 m lange **Somport-Tunnel** eröffnet werden (Die Eröffnung hat sich wegen finanzieller Schwierigkeiten bisher um drei Jahre verzögert). Der Tunnel wird dem Autoverkehr 16 km Paßfahrt ersparen, davon acht auf französischer und acht auf spanischer Seite. Der Bus wird dann nicht mehr über den

Paß fahren, und die Pilger laufen Gefahr, die herrliche Pyrenäenüberquerung zu versäumen. Deshalb sollten Sie unbedingt am Eingang des Tunnels auf französischer Seite (auf 1.116 m Höhe) aussteigen und die zusätzlichen 8 km auf der Straße bis zur Paßhöhe wandern. Erkundigen Sie sich, ob der Tunnel eröffnet ist, und vergewissern Sie sich rechtzeitig, wo Sie vor dem Tunnel aussteigen können.

ᕯ᷁ Anreise für Radfahrer

In den Zügen von Paris nach Pau darf man keine Fahrräder mitnehmen, so daß Sie Ihr Rad rechtzeitig von Deutschland nach Pau aufgeben müssen. Von Pau nach Oloron kann man Fahrräder kostenlos im Zug mitnehmen; von Oloron (221 m Höhe) zum Somportpaß im Bus geht das natürlich nicht, so daß Sie die 55 km auf der Nationalstraße N-137 fahren müssen.

▶　　Schon die Römer überquerten den 1.640 m hohen **Somportpaß**, den sie *Summus Portus* nannten. Im Mittelalter war er dann der bevorzugte Pyrenäenpaß für die Jakobspilger aus Italien, Südfrankreich, Süddeutschland und der Schweiz.

✋　　Die erste Pilgerherberge befindet sich erst in Jaca, denn die von Canfranc wurde 1996 geschlossen. Es gibt jedoch zahlreiche andere Unterkünfte, von denen die Herbergen "Pepito Grillo" in Canfranc-Estación und "Sargantana" in Canfranc zu empfehlen sind.

ℹ️　　Direkt hinter der Grenze steht ein Informationsschild mit der Beschreibung des Jakobsweges und des Wanderweges GR 65-3 (GR = *Gran Recorrido* = Großer Wanderweg), der den Jakobsweg entlang durch Aragón nach Navarra führt, wo er in Puente la Reina auf den Hauptweg GR 65 trifft. Der Jakobsweg ist mit gelben Pfeilen und Schildern gekennzeichnet und der meist parallel verlaufende Wanderweg GR mit den bekannten rot-weißen Markierungen. Auf dem gesamten Jakobsweg gibt es immer wieder Informationstafeln zur groben Orientierung.

Somport - Jaca (32 km)　　　　　　　Karte 1

ᕯ᷁　　Radfahrer bleiben bis Villanúa besser auf der N-330, erfahrene Mountain-Biker zumindest bis Canfranc-Estación, danach ist der Jakobsweg befahrbar.

🚶🚶　　Der markierte Weg beginnt direkt auf dem **Somportpaß** ⇄ ✕ 🎋 hinter der Straßenkreuzung. Von der Nationalstraße N-330 biegt man rechts in die

Landstraße Richtung Candanchú ab und verläßt diese sofort auf der linken Seite, wo ein Pfad steil bergab führt. Nach 1 km erreicht man wieder die Straße, auf der eine Brücke über den Aragón-Bach überquert wird. Dieser Bach, der der Region und dem ehemaligen Königreich Aragón seinen Namen gab, wird später zum Fluß. Gleich nach dem Überqueren der Brücke verläßt man die Straße wieder halblinks.

Blick vom Somport-Paß

Nach 500 m überquert man die N-330. Gegenüber geht man 500 m auf einer Piste, dann biegt man links auf einen Pfad ab. Nach 1,3 km kommt man an eine Pistenkreuzung und geht links. 400 m weiter biegt man von dieser Piste wieder rechts auf einen Waldpfad ab. Nach 300 m geht man eine Treppe hinunter und dann auf eine Asphaltpiste nach links. Nach 200 m verläßt man diese rechts über eine Wiese. Nach 1,2 km überquert der Pfad eine Holzbrücke; hier kann man schön im Fluß baden. Schließlich kommt man wieder auf die N-330, die in den Ort **Canfranc-Estación** 🛏️ ✕ 🏪 🏛️ (km 7) führt.

🏠 Herberge (albergue) Pepito Grillo, am Ortseingang, ☎ 974373123; 62 Plätze in Gemeinschaftsschlafräumen für je 4 bis 8 Personen; 🔆 ständig; Preis für Pilger Ptas. 1.300.

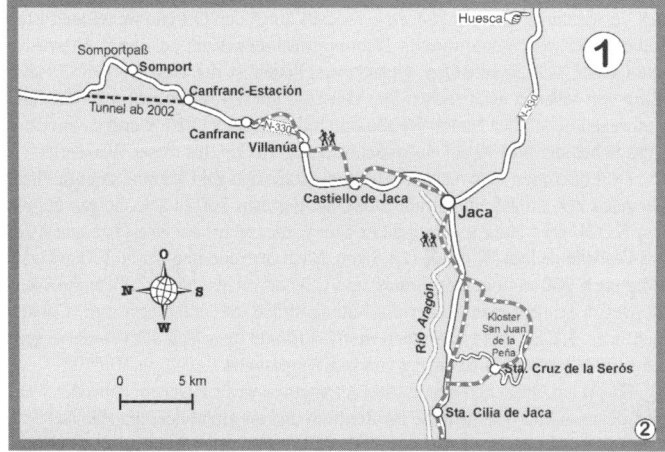

▶   Der alte Ort Canfranc ist noch 4,5 km entfernt. **Canfranc-Estación** ist ein Ortsteil, der erst im letzten Jahrhundert rund um den Bahnhof (*estación*) entstanden ist und den alten Ort heute an Größe und Bedeutung weit übertrifft; sogar das Rathaus von Canfranc befindet sich hier. Der Ort wird von einem gigantischen neoklassizistischen Bahnhofsgebäude aus dem Jahr 1928 beherrscht, das als internationaler Bahnhof große Zeiten erlebt hat, heute aber als Endpunkt einer Regionalbahn bedeutungslos geworden ist.

🚶‍♂️   Vom Ortszentrum von Canfranc-Estación geht es 2 km auf der N-330 und am Stausee entlang. Am Ende durchquert man einen Tunnel, nach dem der Jakobsweg die Nationalstraße sofort links verläßt. Eine Treppe führt hinunter zum Fluß, der dann überquert wird. (Auf der rechten Talseite erhebt sich der Festungsturm "Torre de Fusileros" aus dem 19. Jh.) 2,5 km geht es nun auf Bergwegen an der linken Talseite entlang. Schließlich erreicht man wieder die N-330, und auf der alten Pilgerstraße betritt man das alte **Canfranc** 🛏️ ✕ (km 12).

🏠   Herberge Sargantana im Zentrum, ☎ 974373217; Schlafräume mit insgesamt 99 Plätzen; Preis für Pilger Ptas. 1.300. Rufen Sie an und fragen, ob die Herberge geöffnet und Platz frei ist. In der Nebensaison kann sie geschlossen oder mit Kinder- und Jugendgruppen voll belegt sein.

🚶‍♂️   Hinter Canfranc führt der Jakobsweg sofort nach links und überquert nach 500 m eine mittelalterliche Brücke. Auf Bergpfaden geht es dann 4 km bis zum Ortseingang von **Villanúa** 🛏️ ✕ 🏕️ 🐎 (km 16,5). Hier gibt es zwei Möglichkeiten des Weitergehens: Sie können geradeaus durch den Ort und weiter auf Pisten gehen, aber wegen unerwarteter Richtungswechsel besteht bei dieser Alternative die Gefahr, sich zu verlaufen. Einfacher zu finden ist der Weg, der am Ortseingang von Villanúa nach rechts über den Fluß führt. 1,4 km geht man dann auf Fußwegen neben der Nationalstraße durch den rechten Ortsteil und dann weiter links neben der N-330 auf einem Schotterweg 1,8 km, bis dieser Weg endet. Dort überquert man rechts die Nationalstraße und geht auf eine steinige Piste, die nach 2,7 km auf eine Straße stößt, auf der man 300 m links bergab zurück zur N-330 geht. Kurz vor ihr geht es aber wieder rechts auf eine Piste und 3 km bis **Castiello de Jaca** ✕ 🏕️ 🐎 (24,5 km). Nach Überquerung der N-330 geht der Weg nach 200 m über eine Brücke und dahinter rechts. Nach 2,8 km auf Wanderwegen erreicht man wieder die Nationalstraße, die unterquert wird. Danach geht man 3,5 km rechts zwischen der N-330 und dem Fluß auf Wanderwegen, um schließlich zum Ortseingang von **Jaca** zu gelangen.

Direkt am Ortsschild gibt es zwei Alternativen weiterzugehen: entweder 1 km geradeaus auf der Hauptstraße ins Zentrum und auf Höhe der Zitadelle aus dem Jahr 1592 links in die Altstadt zur Kathedrale, oder nach rechts auf dem Panoramaweg Paseo de la Cantera am Ortsrand 1 km in weitem Bogen durch schöne Parkanlagen bis zur Zitadelle und auf der Wiese an ihr vorbei geradeaus ins Zentrum zur Kathedrale.

Jaca
⇧ 820 m; 14.500 Ew. 🏠 🕭 ✕ 🎋 🐿 ✓ ⊞

🔢 Avenida del Regimiento de Galicia 2, ☎ 974360098.

▶ Jaca besaß schon zu Zeiten der Römer Festungsanlagen. Von den Mauren konnte die Stadt nie eingenommen werden, und im Jahr 824 wurde hier die Grafschaft **Aragón** gegründet, die zunächst zu Navarra gehörte, bis sie 1035 ein selbständiges Königreich wurde. Wegen der strategisch wichtigen Lage war Jaca die Hauptstadt. Im Kampf gegen die Mauren expandierte das Königreich Aragón schnell nach Süden; 1096 wurde die Stadt Huesca den Mauren entrissen und zur neuen Hauptstadt erklärt, bis dann 1118 endgültig Zaragoza die Hauptstadt Aragóns wurde. Jaca verlor als wichtige Station auf dem Jakobsweg nie an Bedeutung.

Heute ist Jaca eine beliebte Sommerfrische und Ausgangspunkt für Fahrten in die Wintersportorte Astún und Candanchú. Jaca wird von dem Berg **Peña Oroel** (1.769 m) überragt, der weithin sichtbar ist.

✟ Erste romanische **Kathedrale** Spaniens aus dem 11. Jh. mit interessantem Hauptportal mit Narthex und Südportal mit romanischem Figurenschmuck in den Kapitellen.

♦ Täglich 🕭 8:00 bis 13:30 (im Sommer bis 14:00) + 16:00 bis 20:00 (im Sommer bis 21:00); Eintritt frei.

⌘ **Diözesanmuseum**: Im Kreuzgang der Kathedrale; Eingang durch die Kathedrale; Stücke aus Romanik und Gotik, vor allem Originalfresken aus romanischen Kirchen der aragonesischen Pyrenäen.

♦ Im Sommer 🕭 10:00 bis 14:00 und 16:00 bis 21:00, sonst bis 20:00; Eintritt: Ptas. 300.

🏠 Sehr gute Herberge mit 64 Betten, Aufenthaltsraum, Küche, Waschmaschine und Wäschetrockner. Etwas schwer zu finden: vom Eingang der Kathedrale geht man am Südportal vorbei in die Calle Bellido und nach etwa 200 m rechts in die Calle del Hospital; an der nächsten Ecke rechts befindet sich die Pilgerherberge. In der Herberge kann man kostenlos den Pilgerpaß bekommen.

♦ Calle Conde de Aznar, Auskunft im Rathaus (*ayuntamiento*),
☎ 974355758; ganzjährig außer über Weihnachten und Neujahr 🕭 ab 17:00, im Sommer ab 15:00; Ptas. 700.

Jaca - Santa Cilia de Jaca   (16,5 km) Karte 2

🚶🚶   Von der Pilgerherberge aus der Calle Conde de Aznar kommend, geht man rechts in die Calle Mayor. Nach 400 m geht man geradeaus auf der Allee Paseo de la Constitución 500 m bis zum Ortsrand. Dann wendet man sich nach links und folgt einer Piste. Nach 1,2 km geht man bei einer Weggabelung halbrechts und erreicht nach 800 m die Nationalstraße N-240. Nach 300 m auf dieser Straße geht es rechts von ihr 2 km auf Feldwegen entlang, bis man wieder auf die N-240 kommt und auf ihr den Fluß **Gás** überquert. Nach 200 m befindet sich links der Abzweig in Richtung San Juan de la Peña.

Will man den Umweg nicht machen, dann geht man weitere 200 m auf der N-240 geradeaus und danach 2 km auf Feld- und Waldwegen rechts von der Straße weiter, aber immer in ihrer Nähe. Dann wird die N-240 überquert, und links von ihr läuft man 600 m auf Waldwegen, bis man ein Bachbett durchquert, hinter dem man sich auf einer kleinen Asphaltstraße 200 m nach rechts wendet. Bevor man wieder die N-240 erreicht, geht man nach links auf eine Piste, die 4 km lang zuerst fast die Hälfte der Distanz parallel zur Nationalstraße verläuft, sich dann etwas von ihr entfernt und steil ansteigt, bis sie wieder steil abfallend die N-240 erreicht. Hier geht man sogleich eine kleine Asphaltstraße halblinks bergauf, die man nach 200 m rechts verläßt. Über recht unwegsames Gelände führt der markierte Weg links am Hotel Aragón (km 13) vorbei und überquert nach 500 m die Landstraße, die links nach San Juan de la Peña führt (300 m rechts verläuft die N-240).

Der Jakobsweg geht gegenüber auf einer Piste weiter, aber nach 100 m zweigt halbrechts ein markierter steiniger Weg ab. Nach weiteren 200 m mündet dieser auf eine Piste, die nach 100 m wieder halblinks verlassen wird. Auf diesem Weg bleibt man 1,2 km. Kurz vor dem Erreichen einer Asphaltstraße wird der Weg halbrechts bergab verlassen, bis man nach 200 m endgültig die Straße betritt. 200 m geht man auf ihr geradeaus, dann links unten über eine Brücke und sogleich rechts 500 m bis zur N-240. Nach 300 m auf der Nationalstraße geht es nach rechts in den Ort **Santa Cilia de Jaca** 🏠 ⛺ 🛏 🍴 🍷 🛒 ✋

🏠   2002 soll die neue Pilgerherberge eröffnet werden. Mit 20 Liegen, Küche und Aufenthaltsraum wird sie geräumig und modern. Leider stand Ende 2000 noch nicht fest, wie und von wem die Herberge geführt wird. Auch der genaue Termin der Eröffnung war noch unbekannt, so daß Pilger im Ort nachfragen müssen, wenn sie die Herberge noch geschlossen vorfinden. Immerhin gibt es im Ort auch Fremdenzimmer als Alternative.

◆   Calle del Sol 4, Einzelheiten waren bei Drucklegung noch nicht bekannt. Auskunft Mo bis Fr vormittags im Rathaus (*ayuntamiento*), ☎ 974377168.

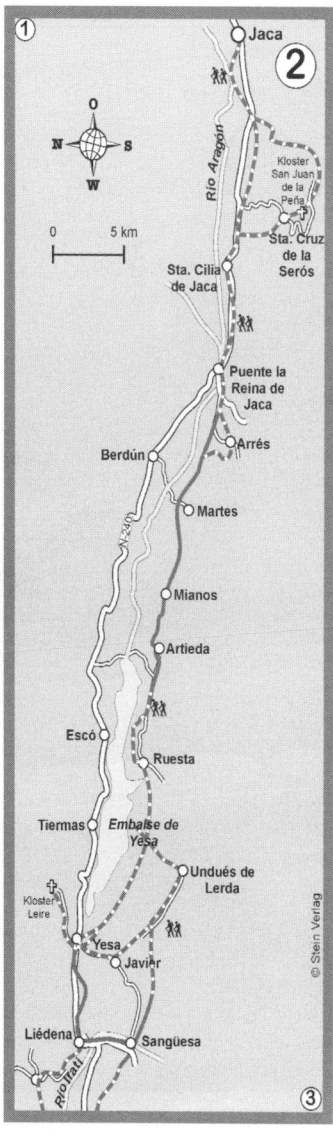

🛏 Zimmer bei Miguel Angel Ascaso, Calle del Sol 1 (im Lebensmittelladen oder in der Bar melden), ☎ 974377174; EZ Ptas. 2.000, DZ Ptas. 3.500.

Nebenstrecke Jaca - San Juan de la Peña - Santa Cilia de Jaca (32,5 km) Karte 2

🚲 Der Aufstieg nach San Juan de la Peña ist für Radfahrer nicht machbar. Bleiben Sie besser auf dem Haupt-Jakobsweg bis zum "Hotel Aragón" (km 13), und fahren Sie dort nach links auf der Landstraße über Santa Cruz de la Serós (km 17) zum alten Kloster von San Juan de la Peña (km 23), zum neuen Kloster (km 24) und zum Pyrenäen-Balkon (📷 Seite 45, km 24,5).

Die Rückfahrt vom alten Kloster hinunter nach Santa Cruz de la Serós ist dann für geübte Radfahrer auf dem Waldweg machbar.

🦆 Der Umweg über San Juan de la Peña ist vor allem ein großartiges **Naturerlebnis**. Der Weg führt durch üppige Vegetation, dominiert von Eichen und Pinien, mit unzähligen bunten Schmetterlingen in der Luft, Singvögeln in Bäumen und Büschen und Greifvögeln am Himmel.

Auf dem Somport-Paß in Aragon (Seite 33) -jfw

🚶🚶   Die ersten 5,5 km des Weges führen von Jaca aus wie oben beschrieben bis zur Brücke über den Fluß Gás und noch 200 m weiter auf der N-240. Dort zweigt links der markierte Seitenweg GR 65.3.2 über Atarés nach San Juan de la Peña ab. Dieser einzigartige Wanderweg von großer landschaftlicher Schönheit erfordert viel Zeit und körperliche Fitneß. Beachten Sie bitte genau die Hinweise in der Wegbeschreibung, die rot-weißen Markierungen des Wanderweges und die gelben Pfeile des Jakobsweges. Wer bereit ist, die Anstrengungen der Neben-strecke in Kauf zu nehmen, wird eine der großartigsten Erfahrungen des Jakobs-weges machen.

Von der N-240 steigt zunächst eine Piste 700 m an, die dann in einer Links-kurve rechts verlassen wird. Nun geht es auf einem schmalen und teils sehr stei-len Waldweg 1,8 km bergauf bis auf eine Höhe, wo der Weg links auf einen Pfad verlassen wird. Nach 400 m bergauf und -ab zeigen große gelbe Pfeile an, daß der inzwischen breitere Weg nach rechts auf einen Pfad verlassen wird. Nach 300 m steil bergab wird eine Piste erreicht, wo es rechts und nach 30 m sofort wieder links auf einen Pfad geht. Schließlich geht es 2,6 km meist bergab, teil-weise sehr steil, nach **Atarés** (km 11,5).

Auf dem Dorfplatz gibt es einen Brunnen. Füllen Sie hier Ihre Flaschen auf, denn es kommen neun anstrengende Kilometer ohne Wasserstelle! Über den Platz geht es 100 m weiter geradeaus und dann auf einem Pfad aus dem Dorf 100 m bis zu einer Pistenkreuzung. Geradeaus geht es auf einer Schotterpiste 1,6 km leicht ansteigend und dann bei einer Pistengabelung halbrechts. Achtung: Nach 400 m verläßt der markierte Wanderweg die Piste plötzlich halblinks auf einen Pfad. 2,8 km geht es zumeist steil bergauf, bis man die Asphaltstraße erreicht, die rechts nach San Juan de la Peña führt. 100 m geht man auf der Straße, dann noch einmal 300 m auf einem Pfad rechts von ihr und schließlich 2,4 km auf der Straße zum oberen Kloster.

Verlassen Sie die Straße nicht mehr! Es gibt zwar einen markierten Wander-weg nach rechts, der aber nicht zum oberen Kloster führt, sondern direkt zum unteren. Das obere Kloster (km 19,5) ist eine Ruine aus dem 18. Jh. und bietet kunsthistorisch nichts. In 500 m Entfernung vom Kloster befindet sich der soge-nannte **Pyrenäen-Balkon** (*Balcón del Pirineo*), der bei klarem Wetter einen fas-zinierenden Ausblick auf die westlichen Pyrenäen gewährt. Gehen Sie am Kloster nach rechts; erst hinten am Waldrand ist der *Balcón del Pirineo* ausgeschildert. Nach dem Genuß des unvergeßlichen Ausblicks geht es zurück zum oberen Klo-ster (km 20,5) und von dort auf der Asphaltstraße 1,2 km hinab zum alten Klo-ster (km 21,5).

✝   **Kloster San Juan de la Peña**: In spektakulärer Rückzugslage unter einem Felsvorsprung verborgen, wurde dieser Ort schon seit dem frühen Mittelalter von

Eremiten bewohnt. Das Kloster stammt aus dem 11. bis 14. Jh.; es wurde schnell zu einem der wichtigsten Klöster Spaniens und zum Pantheon der Adligen Aragóns. Sehenswert ist insbesondere der Kreuzgang aus dem 12. Jh. mit großartigen romanischen Kapitellen.

♦ Verwirrende und ständig wechselnde Öffnungszeiten: allgemein vor- und nachmittags geöffnet, immer montags und von Oktober bis März möglicherweise auch dienstags geschlossen; am besten vergewissern Sie sich im Fremdenverkehrsbüro von Jaca; Eintritt: Ptas. 500, für Pilger 400 (zusammen mit dem Kloster Santa María in Santa Cruz de la Serós).

🚶🚶 Dem Kloster gegenüber führt ein Weg in den Wald bergab zum Toilettenhäuschen. Von dort geht es 1 km am Hang entlang, ohne daß der Weg merklich abfällt. Dann geht es nach einer Rechtskurve sogar noch einmal 400 m bergauf bis zu einer Wegkreuzung, an der es nach links 2,5 km bergab nach **Santa Cruz de la Serós** 🛏️ ✕ (km 25,5) geht.

🛏️ Hostelería Santa Cruz, ☎ 974361975, Ptas. 3.000 pro Person.

✝ **Kirche des Klosters Santa María**: Schöne romanische Kirche aus dem 11./12. Jahrhundert.
♦ Öffnungszeiten und Eintrittspreise zusammen mit dem Kloster San Juan de la Peña.

✝ **Kirche San Caprasio**: Kleines romanisches Kirchlein aus dem 11./12. Jahrhundert.
♦ 🛏️ wie das Kloster Santa María; Eintritt frei.

🚲 Der Weg über Binacua ist für Radfahrer unmöglich. Fahren Sie auf der Landstraße 4 km zur N-240; 100 m bevor Sie die Nationalstraße erreichen, führt die Hauptstrecke des Jakobsweges links auf einer Piste weiter.

🚶🚶 Man verläßt Santa Cruz de la Serós zunächst auf der Landstraße, zweigt aber 100 m nach Ortsausgang links auf einen breiten Feldweg ab. Der Weg ist bis Santa Cilia de Jaca gut rot-weiß markiert. Nach 1 km geht der breite Weg in einen Pfad über. Nach nur 200 m muß man gut aufpassen, wenn der Pfad an einer Gabelung nach links führt, aber es gibt Wegmarkierungen. Weitere 2,8 km führt der Pfad durch eine wilde Landschaft und erreicht dann das Dorf **Binacua** (km 30). Nach 800 m auf einer kleinen Asphaltstraße führt in einer Rechtskurve der Straße der markierte Weg links 200 m steil bergab. Die kleine Asphaltstraße wird wieder kurz berührt, und dann geht es weitere 100 m steil bergab. Unten läuft man links über eine Brücke und sofort wieder nach rechts. Hier haben sich inzwischen die Nebenstrecke und der Hauptweg wieder vereint und führen nach **Santa Cilia de Jaca** 🏠 🛏 ⚑ 🍴 (km 32,5).

Santa Cilia de Jaca - Arrés   (10,5 km) Karte 2

🚶 Vom Hauptplatz geht man 300 m bis zum linken Ortsrand und dann 2,7 km auf einer parallel zur N-240 verlaufenden Piste. Danach geht es 2,5 km auf der N-240 an einem Campingplatz 🛏 ✗ vorbei, bis halbrechts bergab ein schöner Schotterweg von der Nationalstraße wegführt. Nach 1 km trifft dieser Weg wieder auf die N-240, und zwar bei der Straßenkreuzung vor **Puente la Reina de Jaca** 🛏 ✗ 🐎 (km 23), das auf der rechten Seite des Flusses Aragón liegt.

✋ Bei Puente la Reina de Jaca handelt es sich nicht um das berühmte Puente la Reina in Navarra, sondern um einen kleinen Ort gleichen Namens.

🚶 Man überquert die Brücke nicht, sondern geht geradeaus Richtung Huesca weiter. Nach 400 m zweigt rechts die Landstraße nach Arrés ab, der man zunächst 400 m folgt. Dann gibt es zwei Möglichkeiten weiterzugehen: Wer nicht in Arrés übernachten möchte, folgt der Straße weitere 2,8 km, bis sie in einer weiten ansteigenden Linkskurve rechts auf eine breite Piste verlassen wird; dieser Weg ist mit gelben Pfeilen markiert, denn der Weg ist erheblich bequemer als der über Arrés und erst seit 2000 gibt es dort eine Pilgerunterkunft. Wer aber in Arrés übernachtet, verläßt die Straße dort halblinks, wo ein deutliches sichtbares Schild den Weg zur Pilgerherberge anzeigt. 3,2 km geht es nun auf einem schönen Höhenweg, der mit rot-weißen Markierungen versehen ist, denn es handelt sich um den eigentlichen Wanderweg GR 65-3. Schließlich erreicht man das kleine, fast verlassene Dorf **Arrés** 🏠 mit einer Wehrturmruine.

🚲 Der Höhenweg ist nicht befahrbar; Radfahrer bleiben 4,2 km auf der Straße bis Arrés.

🏠 Ab Sommer 2001 öffnet die neue Herberge mit ca. 20 Liegen, Küche und Aufenthaltsraum. Im Sommer soll die Herberge von Freiwilligen bewirtschaftet sein. Wahrscheinlich wird man auch sonst dort übernachten können, indem man den Bürgermeister um den Schlüssel bittet. Ihn zu finden, ist kein Problem, denn im Ort leben nur drei Familien. Erkundigen Sie sich dennoch vorher in Jaca, ob die Herberge außerhalb des Smmers geöffnet ist.

◆ Im Ortszentrum, kein ☎; Öffnungszeiten noch unklar, Spenden.

Arrés - Artieda   (19 km) Karte 2

🚶🚶   Am Ortsausgang geht es bei einem Orientierungsschild des Jakobsweges links auf einem Pfad steil bergab, den rot-weißen Markierungen folgend. Nach 500 m wird eine Piste überquert und genau gegenüber geht es halblinks auf einer anderen Piste bergab. Dieser folgt man 1,2 km bis zu einer Weggabelung, wo es rechts 600 m bergab geht, bis man auf eine breite Piste stößt, auf der man sich nach links wendet.

Hier trifft der Weg über Arrés wieder auf den markierten Jakobsweg, der unterhalb von Arrés auf der Straße weiterführte und dann auf dieser breiten Piste bereits 1,2 km zurückgelegt hat.

🚲   Der Weg von Arrés führt zu steil bergab, so daß es empfehlenswert ist, auf der Straße 1,4 km zurückzufahren und dann links in die breite Piste einzubiegen.

🚶🚶   Man folgt der breiten Piste 3 km (4,2 km von der Straße nach Arrés), dann kommt eine Pistengabelung, wo es rechts 2,3 km bis zu einer Landstraße geht. Hier geht man links, verläßt die Straße nach nur 50 m aber sofort wieder rechts und geht 200 m steil bergauf.

Pyrenäen-Balkon (Balcon de Pirineo) bei San Juan de la Peña (Seite 39) -mk

Lassen Sie sich oben nicht durch andere Markierungen täuschen: Es geht zunächst geradeaus auf eine Piste, links an einem Strohlager vorbei, und erst nach 200 m rechts auf eine andere Piste. Dieser folgt man 900 m, dann zweigt der Jakobsweg rechts auf einen Feldweg ab. In einem weiten Linksbogen geht man 700 m bis zu einer schmalen Asphaltstraße und dort rechts. Nach 200 m macht die Straße eine Rechtskurve, der Jakobsweg führt aber geradeaus auf eine Piste, der man nun 3,8 km folgt.

Dann stößt man wieder auf eine Straße und geht rechts. Nach 900 m zweigt der Jakobsweg wieder rechts auf einen Feldweg ab. Nach 200 m geht man an einer Wegkreuzung links und dann - das Dorf **Mianos** bleibt linkerhand am Hang liegen - 3 km auf einer Piste, bis diese in eine Straße mündet. Es geht rechts 600 m bis zur Straßenkreuzung, wo man rechts auf einer Piste dem Jakobsweg folgen kann oder links 800 m hinauf geht nach **Artieda** 🏨 ✗.

🏠   Gute Herberge mit 20 Liegen.
♦   Calle Luis Buñuel 10, ☎ 948439316; 🛏 ständig; Ptas. 800.

Artieda - Ruesta   (11 km) Karte 2

🚲   Radfahrer bleiben besser auf der Landstraße nach Ruesta, weil die unten beschriebenen Pfade sehr unwegsam sind und auf der Straße kaum Autos fahren.

🚶   Wenn man von der Straßenkreuzung vor Artieda nicht in den Ort hinauf geht, sondern dem Jakobsweg nach rechts auf eine Piste folgt, dann geht man nach 350 m wieder links auf eine andere Piste. Diese überquert nach 1 km eine Landstraße und es geht geradeaus weiter.

Wer dagegen von Artieda kommt, geht am Ortsausgang nicht links bergab, sondern rechts und trifft nach 1 km auf besagte Landstraße, von der man sogleich links auf die Piste abbiegt.

Beide Wegalternativen sind jetzt vereint, und auf der Piste geht es 800 m geradeaus bis zur Landstraße nach Ruesta, der man 3,7 km weit folgt.

Dann kann man einer rot-weißen Markierung nach rechts folgen, und es geht 500 m über schmale Pfade, bis wieder die Landstraße gekreuzt wird. Gegenüber geht es querfeldein bergauf und dann rechts; nach 500 m wird die Landstraße wieder gekreuzt. Die beiden eben beschriebenen Abzweige von der Straße können leicht übersehen werden; das macht aber nichts, denn der dritte und definitive Abzweig ist klar ausgeschildert. Nun geht es 3,5 km über teils stark zugewachsene und steinige Wald- und Feldwege. Nahe bei Ruesta passiert man die mittelalterliche Kirche San Juan (11. Jh.). Schließlich kommt man wieder auf die Straße und nach 500 m nach **Ruesta** 🏨 ✗ (🗺 Seite 49).

▶   Ruesta war im Mittelalter eine wichtige Festung an der Grenze zu Navarra und eine Station auf dem Jakobsweg. Seit dem Bau des Stausees 1959 ist Ruesta verlassen. Heute wird der Ort restauriert. Die Burgruine stammt aus dem 11., die Kirche Santa María aus dem 16. Jh.

🏠   Sehr schöne Herberge mit 66 Liegen. Die Herberge nimmt für höhere Preise auch Nicht-Pilger auf - für Pilger findet sich zwar notfalls immer ein Platz, der kann aber unbequem sein. Darum ist es empfehlenswert, vorher anzurufen und zu reservieren. Die Herberge in Ruesta ist eine Ausnahme und nimmt auch Reservierungen von Pilgern entgegen. Es gibt Abendessen und Frühstück zu günstigen Preisen.

♦   50 m nach Betreten des Ortes links, ☎ 948398082; 🛏 ständig; Ptas. 950.

☺   Das Trinkwasser ist gechlort; füllen Sie die Flaschen besser beim Weitergehen am 500 m entfernten Jakobsbrunnen auf!

Ruesta - Undués de Lerda   (12 km) Karte 2

🚶🚶   An der Pilgerherberge vorbei geht es durch Ruesta 500 m bergab (Radfahrer schieben) und über den Campingplatz zum **Jakobsbrunnen** (17./18. Jh.), der von drei tausendjährigen Eichen umgeben ist.
       Weiter führt der Weg an der restaurierten Santiago-Kapelle (11. Jh.) vorbei. Hinter der Kirche geht es links auf eine Piste, die nach 1,2 km auf eine andere Piste stößt. Hier geht es rechts 1 km bis zu einem Abzweig (3 km); links führt der Jakobsweg nach Undués de Lerda.

☺   Man kann auch geradeaus auf der Piste bleiben, die über den Ort Yesa zum Kloster Leire und zur Schlucht Foz de Lumbier führt und später als Nebenstrecke ❶ beschrieben wird. Diese Strecke ist landschaftlich schöner als der Hauptweg, hat aber den Nachteil einiger unangenehmer Straßenkilometer, weshalb diese Alternative eher für Radfahrer interessant ist.

🚶🚶   Der Hauptweg führt an besagter Kreuzung nach links. Eine Piste steigt 4 km an und gewährt anfangs schöne Ausblicke auf den Yesa-Stausee. Wo diese Piste endet, geht es nach links und sogleich wieder nach rechts auf einen steinigen Feldweg. Achtung: nach 3,5 km führt der Jakobsweg nicht geradeaus weiter, sondern halblinks auf einem Pfad steil bergab, um nach 600 m in eine 200 m lange alte Römerstraße überzugehen. Nach weiteren 600 m steil bergauf erreicht man schließlich das hübsche kleine Dorf **Undués de Lerda** 🏠 ✗.

🏠   In einem restaurierten Palast aus dem 16. Jh. befindet sich eine sehr gute Herberge mit 26 Liegen und 30 Betten; Nicht-Pilger werden gegen höhere Preise aufgenommen.

◆   Calle Herrería 1, direkt neben der Kirche, ☎ 948888105 + ☎ 689488745 (Handy); 🍴 ganztägig; vom 23. - 28.12. und im Februar geschlossen; wenn niemand da ist, fragen Sie im nahegelegenen Lokal "Hogar Social"; Ptas. 700.

Undués de Lerda - Sangüesa (11 km) Karte 2

🚶🚶   Den Pfeilen folgend, verläßt man Undués de Lerda und geht 2 km auf Feldwegen, rechts von der Landstraße, bis sie in eine Piste münden. Nach 400 m überquert man schließlich diese Straße.

☺   Geradeaus führt diese Straße zur 4 km entfernten Burg Javier. Der Weg über diese Burg zum Kloster Leire und weiter durch die Schlucht Foz de Lumbier ist besonders kunsthistorisch interessanter als der Hauptweg und wird im Anschluß als Nebenstrecke ❷ beschrieben. Diese Alternative hat allerdings den Nachteil zahlreicher Straßenkilometer, weshalb sie eher für Radfahrer interessant ist.

🚶🚶   Wer lieber in das berühmte **Sangüesa** zieht, überquert die Straße und geht auf einem Feldweg 1,2 km bis zu einem Schild, das anzeigt, daß man Navarra erreicht hat. Nach weiteren 600 m überquert man eine Asphaltpiste und geht auf einer breiten Schotterpiste geradeaus, bis der Jakobsweg doppelt markiert ist. Man könnte geradeaus gehen, wo die Piste nach 600 m in die Landstraße einmündet, die nach 2,3 km Sangüesa erreicht. Aber um die Straße zu vermeiden, geht man an besagter doppelter Markierung besser links auf eine Piste, die nach 400 m in eine andere einmündet, wo man rechts geht.

Nach 1,5 km geht die Piste in eine Straße über, und nach 600 m kommt man an den Ortsanfang von Sangüesa und überquert eine Landstraße; gegenüber geht es halbrechts in die Calle de San Sebastián.

Nach 500 m kommt man an der Santiago-Kirche (12./13. Jh.) vorbei, die im Tympanon des Hauptportals eine schöne Santiago-Statue besitzt. Nach weiteren 100 m biegt man links in die Calle Mayor.

Nun kann man entweder auf dem Jakobsweg geradeaus die Stadt wieder verlassen oder nach 100 m wieder links in die Calle Alfonso el Batallador gehen Nach 400 m - die Straße wechselt ihren Namen - gelangt man zur Pilgerherberge.

Sangüesa

⇧ 404 m; 4.400 Ew .🏨 🛏 ✕ 🍺 🐎 ✓ ⊞

🅸 Calle Mayor 2, ☎ 948871411.

▶ Die Stadt Sangüesa ist im 12. Jh. am Pilgerweg entstanden und wurde schnell eine der bedeutendsten Städte des Königreichs Navarra; zahlreiche Paläste und Kirchen wurden gebaut, die heute leider mit der zu engen modernen Stadt kontrastieren.

✝ **Fassade der Kirche Santa María la Real**: Nur Außenbesichtigung. Überreiche Fassade aus dem 12./13. Jh. Achten Sie rechts oben auf den Schmied, der an nordische Sagengestalten erinnert!

🏨 Wird von Nonnen betreut, die auch das 50 m entfernte Seniorenheim am Ende der Calle Caballeros führen; Pilger müssen sich dort melden. Aufnahme nur mit Pilgerpaß. Sehr saubere Herberge mit 12 Betten einschließlich Bettwäsche; Küche.

Der markierte Pilgerweg führt durch die ganze Altstadt; man kann aber abkürzen, wenn man beim Eintritt in den Ort nach dem Überqueren besagter Hauptstraße nicht halbrechts die Calle de San Sebastián betritt, sondern

Ruesta (Seite 46) -mk

geradeaus in die Calle Magdalena geht; dann erreicht man nach 400 m die Pilgerherberge.

♦   Calle Enrique Labrit Ecke Calle Caballeros, ☎ 948870042; ⬛ 11:00 - 22:00; Spenden.

Sangüesa - Izco   (19 km) Karte 3

▶   Früher führte der Jakobsweg von Sangüesa nach Liédena und von dort vor der Schlucht Foz de Lumbier über die Brücke Puente Jesús, so daß man, ohne die Schlucht zu betreten, den Weg nach Westen fortsetzte. Die Jesus-Brücke wurde jedoch 1811 zerstört. Von Sangüesa aus gibt es heutzutage einen neu angelegten, 19 km langen Wanderweg nach Izco, der absolute Einsamkeit bietet.

🥾   Über die Calle Alfonso el Batallador und die Calle Mayor vorbei an der Kirche Santa María la Real verläßt man Sangüesa über die Brücke über den Fluß Aragón. Nach rechts folgt man der Straße Richtung Liédena 600 m, bevor der markierte Jakobsweg vor einer Kläranlage links auf die kleine Straße Richtung Rocaforte, einem Ort, den man oben am Berg sieht, führt.

☺   Wer die Schlucht **Foz de Lumbier** sehen möchte, bleibt auf der Landstraße Richtung Liédena. Nach 3,5 km, direkt nach dem Schild, das die Kreuzung mit der N-240 ankündigt, geht man halbrechts auf einem Weg 300 m bis zur N-240. Nun überquert man rechts die Brücke über den Fluß Irati und läuft danach halblinks auf einem Fußweg, der den südlichen Ortsteil von **Liédena** durchquert. Nach 300 m geht dieser in eine Piste über, die nach 2 km die Schlucht erreicht. Hier befindet man sich bereits auf dem Weg, der im folgenden als Nebenstrecke ❶ und ❷ beschrieben wird.

🥾   Wer sich für die Einsamkeit des Weges von Sangüesa nach Rocaforte entscheidet, verläßt die Landstraße wie oben beschrieben. Nach 300 m führt der Jakobsweg nach rechts 1 km über Felder nach **Rocaforte** (km 2,5).
      Im Ort geht es sogleich nach rechts Richtung Paßhöhe Alto de Aibar. Über eine Piste kommt man nach 500 m zum Franziskus-Brunnen, an dem ein Schild darauf hinweist, daß Franz von Assisi nach Santiago pilgerte und hier bei Rocaforte das erste Franziskanerkloster Spaniens gründete.
      Weitere 4,5 km geht es immer geradeaus über Pisten und breite Feldwege; dabei begleiten den Weg Dutzende gigantischer Turbinen eines sogenannten Windparks, die rechter Hand auf dem nahegelegenen Höhenzug aufgestellt wurden. Schließlich kreuzt man eine breite Piste und kommt zu einem großen

Brunnen. Man geht genau geradeaus auf Pfaden und am Feldrain entlang (1,5 km) bis zu den Ruinen eines im 16. Jh. verlassenen Dorfes, von dem heute nur noch einige Steinhaufen zeugen. Man geht geradeaus und durchquert nach 400 m einen Tunnel unter einer Landstraße. Auf der anderen Seite gelangt man nach 50 m zur **Paßhöhe Alto de Aibar** (km 9,5), wo eine Orientierungstafel des Jakobsweges steht.

An der Orientierungstafel geht es links auf einem Pfad 100 m bergauf; und dann nach rechts. Achten Sie gut auf den Abzweig! Man geht 1 km oberhalb der Landstraße entlang, bis der Pfad in eine Piste mündet, der man 300 m nach links folgt und sie dann halbrechts verläßt. Achten Sie auch hier gut auf den Abzweig! 300 m geht es steil bergab, bis eine Piste erreicht wird, der man wiederum 100 m folgt und sie dann wieder halbrechts verläßt.

Es geht 1,3 km über markierte Pfade, bis man wieder eine Piste erreicht, die nach 300 m links verlassen wird. Durch ein schönes Tal geht es 4 km auf einem breiten Weg und dann auf einer Piste leicht bergauf. Linker Hand ist bald wieder ein Windpark zu sehen.

Am Ende wird ein großes Tor durchquert, nach dem es rechts auf eine andere Piste geht, die man sofort in der ersten Rechtskurve auf einem Waldweg, der geradeaus führt, verläßt. Nach 2 km auf markierten Wald- und Feldwegen wird das Dorf **Izco** 🏠 ⏳ erreicht.

🏠 Neue, gute und sehr saubere Herberge mit 8 Liegen; Lebensmittel können in der Herberge gekauft werden, um in der Küche das Essen zuzubereiten.

♦ Direkt an der rechten Wand des Frontóns, an der Tür steht "ASDRC San Martín", ☎ 948361295; 🔓 ständig; wenn geschlossen ist, fragen Sie jemanden im Dorf, damit der Betreuer angerufen wird, der nicht direkt im Dorf lebt; ☎ 948362129, Ptas. 600.

Nebenstrecke ❶
Ruesta - Kloster Leire   (21,5 km) Karte 2

🚶 Von Ruesta geht es wie beschrieben 3 km bis zum Abzweig Richtung Undúes de Lerda. Hier bleibt man jedoch auf der Piste, die weitere 12 km geradeaus oberhalb des Stausees in absoluter Einsamkeit schöne Ausblicke gewährt. Diese Piste ist als PR 10 (PR = *Pequeño Recorrido* = Kleiner Wanderweg) mit gelb-weißen Markierungen versehen.

Auf dem Weg wird die Grenze von Aragón nach Navarra überschritten. Man kommt an die Staumauer, überquert diese aber nicht, sondern bleibt auf der linken Seite, wo eine Straße zuerst bergab führt und dann bergauf 2,5 km bis **Yesa** ✖ ✖ 🐟 🐎 ✚ (km 17). Im Ort geht man nach links auf die N-240 und durchquert Yesa. Direkt hinter dem Ortsausgang führt halbrechts ein Weg ab, der nach 300 m die Straße erreicht, die rechts 3,5 km hinauf zum **Kloster Leire** ▲ ✖ ✖ führt.

✝   Das Kloster war im 11. und 12. Jh. das geistige Zentrum Navarras und Pantheon der Könige. Heute ist Leire ein aktives Benediktinerkloster. Sehenswert sind die Krypta aus dem 11. Jh. in frühester spanischer Romanik und die Kirche aus dem 11. und 13. Jh. mit einem interessanten Westportal.

◆   Kirche und Krypta Mo - Fr 🕗 10:15 - 14:00 + 15:30 - 19:00, Sa + So 10:15 - 14:00 + 16:00 - 19:00; sobald sich eine Gruppe bildet, gibt es geführte Besichtigungen, ca. 30 min, Ptas. 275; die Kirche ist außerdem zu den Gottesdiensten geöffnet.

🏠   Die Mönche lassen Pilger kostenlos im Klosterbereich übernachten. Man muß sich aber unbedingt vor 18:30 beim Pförtner in der "*Portería*" melden, da sich die Mönche dann zum Gottesdienst zurückziehen. Im Kloster gibt es auch ein Hotel, aber das Hotelpersonal gibt keinerlei Auskünfte über die Pilgerunterkunft.

✝   Wer sich dafür entscheidet, in Leire zu übernachten, hat die Möglichkeit, eine authentische Jakobsweg-Erfahrung zu machen, die noch verstärkt wird, wenn man in der Kirche den zumeist gesungenen **Messen** beiwohnt. Besonders der Besuch der Laudes (7:30) und Vesper (19:00, donnerstags 19:30) ist zu empfehlen.

Nebenstrecke ❷
Undués de Lerda - Kloster Leire
(16 km) Karte 2

🚶🚶   Man verläßt Undués de Lerda wie oben beschrieben. Nach 2,5 km überquert man die Landstraße nicht, sondern geht auf ihr 1 km weiter, bis sie an der Provinzgrenze plötzlich endet, weil die Region Navarra bisher nicht am Ausbau der Straße interessiert war (Das kann sich in Zukunft natürlich ändern). So geht die Straße in eine Piste über, und nach 1 km stößt man auf eine schmale Asphaltstraße und geht rechts. Nun geht es 2 km geradeaus, bis man den Ort **Javier** ✖ ✖ (km 6,5), und nach weiteren 500 m die Burg erreicht.

♜   **Burg Javier**: Mittelalterliche Burg, in der 1506 Francisco Javier (Franz Xaver) geboren wurde, der später zum zweithöchsten Jesuitengeneral nach dem Ordensgründer Ignatius von Loyola wurde. Francisco Javier ist der Schutzheilige Navarras und Japans und hat sein Grab im indischen Goa. Im Bereich der Burg erstrecken sich heute weite Klosteranlagen sowie Hotel- und Restaurationsbetriebe.

♦   Täglich 🕐 9:00 - 12:40 + 16:00 - 18:40; Eintritt und Führung frei.

🚶🚶   Von Javier geht man auf der Landstraße 4,5 km nach **Yesa** (km 11,5) und von dort, wie unter der Nebenstrecke ❶ beschrieben, 4,5 km zum **Kloster Leire**.

Nebenstrecken ❶ und ❷
Kloster Leire - Izco   (28 km) Karte 3

🚶🚶   Man verläßt das Kloster über die 4 km lange Straße, die auf die N-240 mündet. Man geht rechts 2 km auf der viel befahrenen Nationalstraße. Dann kann man dem Verkehr entgehen, indem man linker Hand 2,7 km auf der alten Nationalstraße geht, bevor man wieder auf die neue stößt und ihr weitere 1,3 km folgt. Nach der ersten Häusergruppe geht man hinter der Apotheke (*Farmacia*) rechts auf eine Betonstraße hinauf in den Ort **Liédena** ⇔ ✕ 🍴 ♞ (km 10).

Nach 200 m geht es wieder bergab und nach weiteren 200 m kommt man auf einen kleinen Platz, wo es rechts Richtung "*Foz*" geht. Hier trifft unsere Wegalternative mit der Nebenstrecke des Jakobsweges zusammen, die von Sangüesa kommt, so daß der Weg ab jetzt wieder mit gelben Pfeilen markiert ist. Nach 100 m geht die Straße in eine Piste über, und nach 2,5 km erreicht man die Schlucht von Lumbier.

Foz de Lumbier: Eine gewaltige Schlucht des Flusses **Irati**, die aber nur knapp 1 km lang ist. Es gibt keinen natürlichen Zugang, und im Innern entfaltet sich eine isolierte Welt voller Greif- und Singvögel. Die mittelalterlichen Jakobspilger betraten die Schlucht nicht, sondern überquerten vor ihr den Fluß über die sog. Jesus-Brücke; diese wurde jedoch 1811 von spanischen Guerilleros im Kampf gegen die napoleonischen Invasoren zerstört. Heute muß man darum durch die Schlucht gehen. Es lohnt sich, vor dem Tunnel 100 m nach links zu der zerstörten Brücke zu laufen, um von dort den Ausblick in die Schlucht zu genießen.

Anfang dieses Jahrhunderts wurde die Bahnstrecke von Pamplona nach Sangüesa durch die Schlucht gelegt. Sie verband die Orte Lumbier und Liédena. Von 1911 bis 1955 fuhren hier Züge; dann wurde die Strecke stillgelegt. Auf der

Bahntrasse (heute ohne Gleise) kann man die Schlucht ohne Probleme durchqueren.

🚶🚶   Der Tunnel am Eingang der Schlucht ist 200 m lang und leicht gekrümmt,
so daß sein Ende nicht zu sehen ist. Nach etwa 70 m ist es fast stockdunkel, aber
von einer der beiden Seiten bleibt immer ein Rest Licht zur Orientierung. 1 km
lang ist das weite Innere der Schlucht; eine kleine, in sich abgeschlossene, faszinierende Welt. Der 170 m lange Tunnel am Ausgang ist gerade und bereitet keinerlei Probleme. Ein 2 km langer Asphaltweg führt dann nach **Lumbier**, 🛏️ ✗ 🏴
🪑 (km 15). Am Ortsrand hält man sich links und überquert den Fluß **Salazar**.
     Der Ort Lumbier muß nicht betreten werden, und an der nächsten Kreuzung
läuft man auf der Landstraße Richtung Pamplona wieder nach links, vom Ort weg.
Nach 1,6 km macht die Straße eine Linkskurve; ein gelber Pfeil zeigt an, daß der
Jakobsweg jetzt halbrechts über die Felder führt. Nach 2,2 km auf einer geraden
Piste geht es rechts auf einer anderen Piste 1 km bis zu einer großen Pistenkreuzung. Halbrechts gegenüber geht man auf einer Piste geradeaus weiter 1,5 km –
das Dorf **Nardues** bleibt linker Hand liegen – bis **Aldunate** ✗ (km 22,5).
     Das Dorf wird gerade durchquert, und auf einer Piste geht man 500 m, bis
diese plötzlich endet (vielleicht wird sie in Zukunft verlängert). Nun geht man
600 m am linken Feldrand entlang, und wo die Getreidefelder enden, geht man
links auf einen gelb markierten Pfad. Auf schmalen Pfaden und oft durch dichtes
Gestrüpp geht es 1,5 km hinauf auf den 724 m hohen **Loitipaß** (km 25). Oben
geht man auf eine Piste links 100 m zur Nationalstraße.

🚲   Radfahrer fahren ab Aldunate auf der N-240, denn der Fußweg ist nicht
befahrbar.

🚶🚶   Auf der N-240 geht es rechts, aber nach nur 200 m verläßt man sie links
auf eine Piste, die 800 m bergauf führt. Wo die Piste dann eine Linkskurve
beschreibt, geht es rechts auf einen Waldweg, und nach 2 km auf markierten
Wald- und Feldwegen wird das Dorf **Izco** 🏘️ erreicht. Beschreibung der Herberge ☞ Etappe Sangüesa - Izco.

Izco - Monreal   (10 km) Karte 3

🚶🚶   Ab Izco verläuft der Jakobsweg auf der historischen Strecke durch kleine
Ortschaften. Bis **Abínzano** geht man 2,2 km auf einer Piste. Auch die nächsten
4,5 km sind breite Piste, bis man kurz vor dem Ort **Salinas de Ibargoiti** (km 7)
eine Asphaltstraße erreicht; der Ort wird aber nicht über diese Straße betreten,

sondern über eine Piste links von ihr, die über die obere Brücke führt. Am Ortsanfang wendet man sich nach links Richtung Kirche und Frontón, aber noch vor den beiden Gebäuden geht es wieder nach links auf einen Feldweg. Auf diesem erreicht man nach 2,5 km **Monreal** 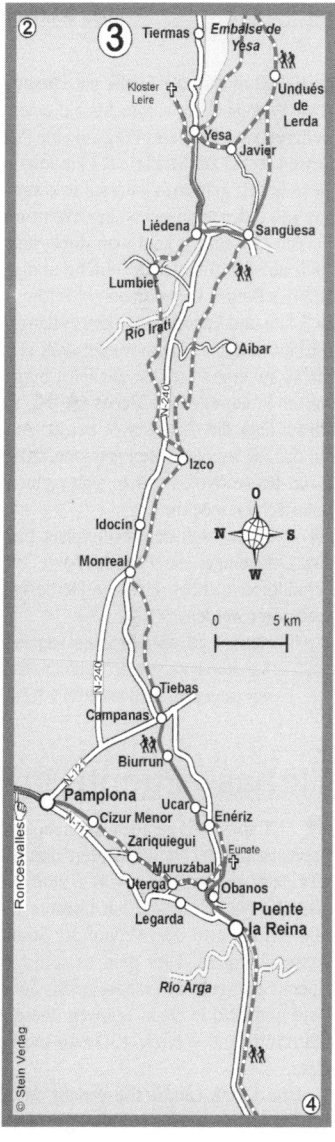. Der Bach am Ortsanfang wird überquert und am Ufer geht es bis zu einer mittelalterlichen Brücke an der Plaza Santa Bárbara. Dort geht man die zweite Straße, Calle Santa Bárbara, rechts hinauf in den Ort. Nach 100 m befindet sich links die Pilgerherberge.

⛺   2001 wurde die neue Herberge eröffnet, 24 Liegen, Küche, Waschmaschine und Aufenthaltsraum.
♦   Calle de la Corte, ☎ 9483620-28 (Pfarrbüro); April-Oktober 🗓 ganztägig, im Winter geschlossen; Ptas. 1.000.

Monreal - Tiebas
(14,5 km) Karte 3

🚲   Radfahrer fahren nach 2,2 km auf der Piste, auf der die Wanderer nach links abbiegen, besser nach rechts und legen den Rest des Weges bis Tiebas auf der parallel verlaufenden Landstraße zurück, denn der markierte Weg ist teilweise zu schwer.

🚶   Von der Pilgerherberge geht man 50 m weiter hinauf bis zur Calle del Burgo. Dort geht man links, und nach 200 m wird die Straße am Ortsausgang zur Piste. Nach 1 km geht man an einer Weggabelung halbrechts auf einen schönen Weg am Feldrand. Nach einem weiteren km trifft dieser Weg auf eine Piste, auf der man links geht (Radfahrer statt dessen rechts zur Straße). 1,3 km folgt man nun dem Verlauf der Hauptpiste. Wo diese endet, geht man links auf Feldwegen und Pfaden 1 km bis **Yárnoz** (4,5 km), das von einem eindrucksvollen Wehrturm aus dem 14. Jh. beherrscht wird.

Am Ortsanfang geht man direkt links auf eine Betonpiste, verläßt diese aber nach nur 50 m hinter der Kirche und geht rechts auf einen Feldweg. Genau am Fuß des Berges kommt man auf Feldwegen und Pfaden oberhalb der Orte **Otano** (6,5 km) und **Ezperun** (8,5 km) entlang. Das nächste Dorf **Guerendiain** (10,5 km) wird kurz berührt, dann wieder links verlassen, aber am Ortsrand geht man halbrechts auf eine Piste, die zunächst bergab führt; dann geht es 4 km auf gut markierten Waldwegen bis **Tiebas** 🏠 ✕, das man an der Burgruine aus dem 13. Jh. vorbei über die Calle Mayor betritt. An der Kirche hat man einen schönen Blick auf das 20 km entfernte Pamplona. 20 m nach der Kirche befindet sich das Lokal "Club Recreativo", wo man sich melden sollte, wenn man in der Pilgerherberge übernachten möchte.

🏠   50 m nach dem Hauptplatz befindet sich an einer Straßengabelung die alte Dorfschule; die Pilgerherberge ist durch den hinteren Eingang über den Schulhof erreichbar. Einfache Herberge mit 12 Matratzen, soll aber in Zukunft verbessert werden.

♦   Hausnr. 43; der Schlüssel liegt normalerweise am Fenster rechts neben der Tür; sonst kann man auch im "Club Recreativo" fragen oder beim Amtsdiener (*alguacil*) ☎ 948360222 (privat); ständig 🛏 ; gratis.

Tiebas - Puente la Reina   (16,5 km) Karte 3

🚶🚶   Tiebas wird geradeaus durchquert, und hinter dem Ort läuft man auf einer Asphaltstraße rechts, unterquert die Autobahn und erreicht nach 700 m die N-121. Hier geht man links 400 m zum Ortsanfang von **Campanas** ✕ 🛏 (km 1) wo man die Nationalstraße nach rechts Richtung Subiza und Echavacoiz verläßt. 400 m folgt man dem Verlauf der Straße nach rechts, bis diese eine Eisenbahntrasse überquert. Hier geht es sofort links an den Gleisen entlang und hinter einem Fabrikgebäude wieder rechts auf eine kleine Landstraße, die nach 1 km in Piste und bald in einen Feldweg übergeht, auf dem man nach 1,5 km das Dorf **Biurrun** 🛏 (km 4) erreicht. Dieses Dorf durchquert man schräg über den Hauptplatz.

Eine kleine Landstraße verläßt das Dorf Richtung Süden, und nach 200 m geht es rechts auf eine unbefestigte Straße, die nach 3 km **Ucar** 🛏 (km 7) erreicht,

das geradeaus durchquert wird. Danach geht es über Pisten 2 km weiter bis
Enériz ✕ 🎏 🧘 (km 9,5), das an der Landstraße liegt. Links von der Straße führt
eine Piste von Enériz 3 km genau zu der kleinen Kirche **Eunate** (km 13), die ein
beliebtes Ziel auf dem Jakobsweg ist. Hier treffen der Aragonesische Weg und der
Navarrische Weg zusammen.

Die Beschreibung der Kirche und des weiteren Weges über **Obanos** (km 15,5)
nach Puente la Reina ☞ Der Navarrische Weg, Etappe Cizur Menor - Puente la
Reina.

Kirche Eunate bei Puenta la Reina (Seite 72) -jfw

Der
Navarrische
Weg

Kirche des Heiligen Grabes in Estella (Navarra) -mk

Dieser ca. 800 km lange Weg beginnt in Saint-Jean-Pied-de-Port auf der französischen Pyrenäenseite. Man spricht immer vom Beginn des Jakobsweges in Roncesvalles, aber das ist lediglich der berühmte erste Ort auf spanischer Seite. Den Besuch des schönen französischen Städtchens und die landschaftlich schöne Pyrenäenüberquerung sollte man sich nicht entgehen lassen.

Anreise nach Saint-Jean-Pied-de-Port

🚶🚶 Die Anreise erfolgt mit dem Zug über Paris und Bayonne oder mit dem Flugzeug über das benachbarte Biarritz, von wo aus man ein Taxi oder einen Bus nach Bayonne nimmt. Von dort fährt ein Zug ins 52 km entfernte Saint-Jean-Pied-de-Port.

♦ **Fahrplan Bayonne - Saint-Jean-Pied-de-Port**: Mindestens drei Züge pro Tag, die zwischen 7:30 und 21:00 verkehren; Frequenz und Fahrzeiten variieren je nach Wochentag und Jahreszeit; Fahrzeit etwa eine Stunde.

🚲 In den Zügen von Paris nach Bayonne dürfen keine Fahrräder mitgenommen werden, sondern man muß sie rechtzeitig von Deutschland nach Bayonne aufgeben. In den meisten Zügen von Bayonne nach Saint-Jean-Pied-de-Port darf man Fahrräder mitnehmen.

Saint-Jean-Pied-de-Port (bask. Donibane Garazi)

⇧ 163 m; 2.000 Ew. 🏨 🏕 🚍 ✕ 🍴 🛒 ✔ ✚

ℹ️ Place du Générale De Gaulle, ☎ 0559370357.

Saint-Jean-Pied-de-Port ist ein hübsches Städtchen am Fluß Nive, dessen Altstadt und Zitadelle aus dem 17. Jh. man bequem in einer Stunde besichtigen kann.

🏨 Vom Bahnhof geht man 800 m in die Altstadt und dort links in die Rue de la Citadelle; nach 50 m befindet sich links das Pilgerbüro "*Accueil des Pèlerins*". Die schöne Herberge befindet sich 100 m weiter oben in der Rue de la Citadelle, genau vor dem Santiago-Tor, dem traditionellen Eingangtor der Jakobspilger, die dem Jakobsweg durch Frankreich gefolgt sind. Im Pilgerbüro kann man den Pilgerpaß bekommen, wofür eine Spende in Höhe von FF 10 akzeptiert wird.

♦ Pilgerbüro Rue de la Citadelle 39, Pilgerherberge Rue de la Citadelle 55, ☎ 0559370509; 18 Liegen, Küche und Garten, 🕐 vom 15.3. bis 10.11. ganztägig; FF 40; im Winter ist geschlossen, aber in der Altstadt gibt es auch zahlreiche Pensionen zu günstigen Preisen.

▶   Saint-Jean-Pied-de-Port heißt auf baskisch **Donibane Garazi** und ist die Hauptstadt von Nieder-Navarra, einem der sieben historischen baskischen Territorien, die sich auf französischer und spanischer Seite in den westlichen Pyrenäen und an der Küste des Golfs von Biskaya erstrecken.

Im Mittelalter bildete Nieder-Navarra eine Einheit mit dem spanischen Navarra. Als dieses Königreich im Jahr 1512 von den vereinigten Kastiliern und Aragonesen besetzt wurde und seitdem zu Spanien gehörte, blieb nur noch das navarrische Gebiet auf französischer Seite unabhängig; seine Hauptstadt war Saint-Jean-Pied-de-Port.

Dieses kleine Pyrenäen-Königreich fristete seitdem ein Schattendasein in französischer Abhängigkeit, bis die Kronen Navarras und Frankreichs zusammenfielen.

▶   Der Jakobsweg berührt in Nieder-Navarra und im spanischen Navarra die östlichen Randgebiete des **baskischen Sprachraumes**. Baskisch ist die älteste westeuropäische Sprache, eine vor-indoeuropäische Sprache - wahrscheinlich der letzte Rest der Sprachen, die vor Jahrtausenden die ersten Europäer benutzen.

Saint-Jean-Pied-de-Port - Roncesvalles

(26 km/27 km) Karte 1a

Der mittelalterliche Jakobsweg führte durch das Tal des Flusses **Nive** (bask. Errobi). Anfang des 19. Jh. erschlossen die napoleonischen Truppen jedoch einen neuen Weg über die Berge, um bei der Invasion Spaniens nicht in dem engen Tal überfallen zu werden. Dieser Weg ist landschaftlich unvergleichlich schöner, denn er bietet herrliche Ausblicke auf die umliegenden Berge, und er wird nicht durch Autoverkehr gestört. Allerdings ist er auch anstrengender, denn er steigt bis auf 1.420 m an.

Heutzutage benutzen die Jakobspilger praktisch nur noch die **Route de Napolèon**; darum wird der alte Weg, der ab Valcarlos großenteils abseits der Straße auf Pfaden verläuft, heute nicht mehr gepflegt und ist ziemlich verwildert.

🚲   Für Radfahrer ist der Aufstieg über die Route de Napolèon trotz 15 km Asphaltwegs sehr anstrengend, weil es extrem steil bergauf geht. Wer sich das nicht zutraut, der fahre besser auf der Hauptstraße Richtung Pamplona über **Arneguy** ✕ 獒 (km 8), wo man die Grenze übertritt, über **Valcarlos** (bask. Luzaide) 🛏 ✕ 獒 ♞ (km 11) und über den 1.057 m hohen Ibañetapaß (km 26) nach **Roncesvalles** (bask. Orreaga) 🏠 🛏 ✕ (km 27,5).

Wasser- und Weinquelle für Pilger beim Kloster Irache (Seite 78) -mk

Auf der Route de Napolèon gibt es auf 25 km nichts Eßbares zu kaufen und man kommt nur an zwei Wasserstellen vorbei: km 6,5 und km 17,5.

Man verläßt Saint-Jean-Pied-de-Port über die Rue de la Citadelle bergab; nach 400 m passiert man das Spanien-Tor (Port d'Espagne). 200 m danach führt der Jakobsweg auf der Straße Route du Marechal Harispe nach rechts. Die gelben Pfeile des Jakobsweges und die rot-weißen Markierungen des Wanderweges werden ab jetzt ständige Wegweiser sein. 5 km geht es auf dem Asphaltweg bergauf; dann läuft man links 1 km über einen steilen Feldweg. Wo dieser wieder auf den Asphaltweg trifft, gibt es nach 100 m rechts einen Brunnen mit Wasserhahn (km 6,5).

Der Asphaltweg führt weitere 5 km bergauf. An einer Wegkreuzung kurz vor einer Marienfigur geht es rechts auf einen anderen Asphaltweg, dem man weitere 4 km bergauf folgt. Dann geht es bei einem Wegkreuz halbrechts auf einen Bergweg. Nach 1,5 km muß man gut aufpassen: Halblinks zweigt zwar ein Weg mit einer gelben Markierung ab, dabei handelt es sich aber um einen lokalen Wanderweg; der Jakobsweg führt stattdessen geradeaus am Zaun weiter. Nach 200 m gibt es links eine üppige Quelle (km 17,5). 150 m danach zeigt ein Stein an, daß man das spanische Navarra betritt.

Nach weiteren 4 km Wanderung auf Bergwegen passiert man die mit 1.420 m höchste Stelle dieser Pyrenäenüberquerung. Dort berührt man einen Asphaltweg, den man sofort wieder rechts verläßt. Nach 100 m steil bergab gibt es zwei Möglichkeiten des Weitergehens: entweder immer geradeaus und sehr steil bergab durch den Wald direkt nach Roncesvalles, das man nach etwa 4 km erreicht (km 25); oder nach rechts - dann nimmt man einen kleinen, aber empfehlenswerten Umweg in Kauf.

Dieser Umweg führt über einen Asphaltweg nach rechts 3,5 km bergab bis zum **Ibañetapaß** (1.057 m); von diesem Weg bieten sich sehr schöne Blicke nach links unten auf die Abtei von Roncesvalles. Auf der Paßhöhe gibt es eine Kapelle, ein Denkmal für den hier gefallenen Helden Roland (*Roldán*) und eine Beobachtungsstation für Zugvögel.

▶ Über den **Paß von Ibañeta** zog im Jahr 778 das Heer Karl des Großen auf dem Rückweg von seinem Spanienfeldzug gegen die Mauren, als bei Roncesvalles die Nachhut dieses Heeres von den Basken überfallen wurde. Der Graf der Bretagne, Roland, der diese Truppe anführte, fand dabei den Tod. Das französische Rolandslied aus dem 12. Jh. besingt den heroischen Widerstand und Tod dieses Helden.

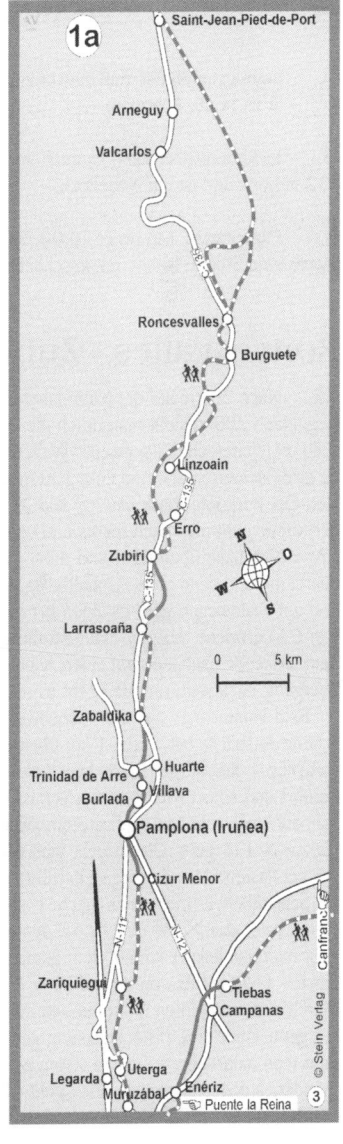

🐦 **Beobachtungsstation für Zug-vögel**: Eine kleine Ausstellung gibt Informationen, und Ferngläser können ausgeliehen werden.

♦ Juli bis November täglich 🕐 von 10:00 bis Sonnenuntergang.

🥾 Vor der Hauptstraße geht es links über die Wiese, an deren Ende der Waldweg beginnt, über den man nach 1,5 km die Abtei von **Roncesval-les** (bask. Orreaga) 🏠 🛏 ✕ erreicht.

✝ **Abtei**: Der enorme Gebäude-komplex diente ursprünglich vor allem den Pilgern; verschiedene Gebäude-teile können besichtigt werden. Im Kapitelsaal ist besonders das Grabmal des Königs Sancho VII. von Navarra und seiner Gemahlin aus dem 13. Jh. sehenswert.

♦ **Kirche**: täglich 🕐 8:00 - 20:00; Eintritt frei.

♦ **Kreuzgang, Kapitelsaal und Museum**: 🕐 Juli + August 10:00 - 14:00 + 16:00 - 20:00, 1.9. - 19.10. und von Ostern bis Ende Juni nur bis 19:00, vom 20.10. bis Ostern von 10:30 - 13:30 + 16:00 - 18:00; Ptas. 300, für Pilger Ptas. 225.

🏠 Anmeldung im Pilgerbüro; hier kann man den Pilgerpaß bekommen (Spende). Einfache Herberge mit 90 Liegen, um die sich im Sommer Frei-willige kümmern.

♦ In der Abtei, ☎ 948760000; von April bis November

betreut; im Winter muß man beim Pfarrer an der Vorderfront rechts klingeln; ▌ ab 16:00, Spenden.

✋   In Roncesvalles kann es auch im Hochsommer kalt werden; der Ort liegt 952 m hoch und ist ein Nebelloch.

✝   **Pilgermesse**: Mo bis Fr 20:00, Sa und So 19:00, von November bis März jeweils eine Stunde früher, mit anschließender Segnung der Pilger.

Roncesvalles - Zubiri   (23 km) Karte 1a

🏃   Nach 200 m auf der Nationalstraße N-135 geht es rechts auf einen Waldweg. Nach 200 m sieht man durch die Bäume links an der Straße das eindrucksvolle mittelalterliche Pilgerkreuz. Weitere 1,6 km geht man auf dem Waldweg bis zu einer kleinen Straße und links 300 m zurück zur N-135, die den langgestreckten Ort **Burguete** (bask. Auritz) 🛏 ✗ 🍴 🐾 (km 3) durchquert. 100 m nach der Kirche geht man nach rechts und verläßt den Ort. Nach weiteren 100 m wird eine Holzbrücke überquert, und dann geht es 1,5 km geradeaus auf einer Piste zuerst mit und dann ohne Asphaltbelag. Die Piste endet, ein Bach wird überquert, und auf Waldwegen geht es 2 km bis man **Espinal** (bask. Aurizberri) 🛏 ✗ 🍴 (km 6,5) erreicht. Auf der Hauptstraße geht man durch den Ort, aber noch vor dem Ortsende nach links auf einen Asphaltweg, der nach 400 m in einen Feldweg übergeht; nach weiteren 300 geht es rechts auf einen Waldweg.

Bald kommt man auf den Höhenweg von Mezkiritz (922 m), von dem man schöne Ausblicke hat. Nach 1 km überquert man die N-135; gegenüber geht es halblinks 1 km bergab und dann links zur Nationalstraße, die aber nur kurz berührt und sofort wieder rechts verlassen wird. 200 m geht es steil bergauf, bis man auf einen schönen gepflasterten Wanderweg stößt, auf dem man links 800 m bis zur N-135 geht. Gleich geht man wieder rechts, aber dann wieder links, wo der gepflasterte Wanderweg weiterführt.

Schließlich erreicht man nach 1 km den Ort **Viscarret** (bask. Bizkarreta-Gerendiain) 🛏 ✗ 🍴 (km 12,5), den man durchquert. Nach dem Ortsausgang geht man halblinks 1 km auf dem gepflasterten Weg links neben der N-135 und danach 1 km rechts von ihr auf einer Piste bis ins Dorf **Linzoain** (km 13,5). Man bleibt am rechten Ortsrand, wo man auf einem steinigen Weg 400 m bergauf geht. Über eine Pistenkreuzung geht man geradeaus, aber nur 50 m weiter geht man halbrechts auf einen steinigen Pfad, der nach 700 m in eine Piste einmündet, auf der man nach links geht. 3,5 km geht es nun über gut markierte Waldwege bis zur Paßhöhe von Erro (801 m) (km 19).

▶ Auf diesem Weg kommt man an ein paar langgestreckten Felsen vorbei, die *Pasos de Roldán* genannt werden; der Sage nach soll die Länge dieser Steine der Schrittlänge des Helden Roland entsprochen haben.

Auf der Paßhöhe überquert man die N-135 und kommt nach 1 km Waldweg an der sog. *Venta del Puerto* vorbei, einer alten Pilgerherberge, die heute als Kuhstall dient. Dort geht es rechts und 2,8 km auf Waldwegen oft steil bergab bis zur mittelalterlichen Brücke von **Zubiri** 🏠 ↩ ✕ 🏴 🕎 (km 21,5) über den Fluß **Arga**.

▶ **Zubiri** ist baskisch und bedeutet "Ort an der Brücke". Die Brücke hat den Beinamen *puente de la rabia* (Tollwutbrücke): Die Legende erzählt, daß tollwütige Tiere dreimal unter der Brücke hindurchgeführt werden mußten und so von der Tollwut geheilt wurden.

🏠 In der alten Dorfschule; von der Brücke geht man zur N-135, hier rechts, nach 100 m ist die Herberge auf der linken Seite. Einfache Herberge mit 46 Liegen.

♦ An der NC-135; 🛏 ständig; Ptas. 500. Gegen Abend kommt jemand zum Kassieren, ☎ 948304378 (Rathaus, allerdings selten erreichbar).

Zubiri - Larrasoaña (6 km) Karte 3

🚶🚶 Auf der Seite der Brücke von Zubiri, an der man vom Erro-Paß herabgekommen ist, geht es weiter Richtung Larrasoaña. Nach 1 km kommt man auf eine Asphaltstraße, die links oberhalb einer gigantischen Magnesitfabrik entlangführt. Nach 500 m verläßt man diese Straße halbrechts und geht 1 km quer durch die Mondlandschaft, die die Fabrik dort hinterlassen hat.

Endlich kommt wieder ein schöner Pfad, der nach 400 m das Dörfchen **Ilaratz** (km 24) erreicht. Von hier geht es auf einer kleinen Straße 500 m bergab und dann links auf einem Asphaltweg 200 m hoch in das Dorf **Ezkirotz** (km 25). Von da läuft man 2 km auf einem schönen Wanderweg bis zur mittelalterlichen Brücke von **Larrasoaña** 🏴 🏠 ✕.

Wer hier übernachten möchte, muß die Brücke überqueren; wer auf dem Jakobsweg weitergeht, bleibt auf der linken Seite der Brücke.

🏠 Gute Herberge mit 14 Liegen und 25 Matratzen; Küche. Von der Brücke geht man 100 m bis zu einer Kreuzung (rechts ist die Kirche und vorne rechts der

Rest des mittelalterlichen Pilgerhospitals), hier links, und nach 100 m befindet sich die Herberge auf der linken Seite.

Der Bürgermeister des Ortes Larrasoaña, der bezeichnenderweise Santiago Zubiri heißt, ist gleichzeitig Herbergsvater und kümmert sich rührend um die Pilger; er wird respektvoll und herzlich *el alcalde del Camino* (der Bürgermeister des Jakobsweges) genannt. Wenn die Herberge voll ist, kann auch in der Kirche übernachtet werden.

◆   Im Gebäude des Rathauses, ☎ 948304242; 🗋 ab 13:30; Ptas. 500.

Larrasoaña - Trinidad de Arre (11 km) Karte 1a

🚶🏃   Man bleibt auf der Seite des Flusses, auf der man von Zubiri gekommen ist. Ein Asphaltweg führt nach 700 m in das Dörfchen **Akerreta** (km 1). Von hier geht es 3,3 km auf schönen Wanderwegen bis in das Dorf **Zuriain** (km 4,5), wo man eine Brücke überquert und auf die N-135 kommt.

Auf der Landstraße läuft man 700 m, bis es links auf eine kleine Asphaltstraße geht, die man nach 200 m bei einer Häusergruppe halbrechts verläßt. Nach 1,3 km auf schönen Wanderwegen kommt man in das halbverlassene Dörfchen **Irotz** (km 6,5).

Eine Betonpiste führt von diesem Ort halbrechts hinab und überquert nach 300 m eine romanische Brücke. Kurz vor der N-135 geht man links auf einen Pfad und 700 m unterhalb der Nationalstraße bis **Zabaldika** (km 7,5).

Geradeaus geht es weitere 200 m auf dem Pfad, bis man die N-135 überquert. Gegenüber geht man auf einen Rastplatz und nach 250 m halbrechts auf einen Weg, der schnell an Höhe gewinnt und schöne Ausblicke auf das Tal des Flusses Arga gewährt.

Nach 2 km auf diesem Weg, der sich bald vom Arga entfernt, erreicht man eine große Straße, die man durch einen Tunnel unterquert; auf der anderen Seite geht man auf einer Piste neben der Schnellstraße nach rechts und kommt nach 1 km direkt zur mittelalterlichen Brücke über den Fluß **Ulzama**. Auf der anderen Seite der Brücke steht das Kloster **Trinidad de Arre** 🏠, in dem sich eine Pilgerherberge befindet.

🏠   Gute Herberge mit 38 Liegen; Küche; man muß sich im Pfarrbüro anmelden, dessen Eingang sich direkt links neben dem Haupteingang der Kirche befindet.

◆   Im Kloster Trinidad de Arre, ☎ 948332941; 🗋 ständig; Ptas. 500, Fahrräder Ptas. 100 extra.

Trinidad de Arre - Pamplona   (5 km) Karte 1a

Trinidad de Arre gehört schon zu **Villava** ⮞ ✕ 🎪 🏛 ✓ (7.600 Ew.), einer Vorstadt von Pamplona. Vom Kloster führt die Calle Mayor 1,2 km durch Villava, bis dieser Ort dann ohne Unterbrechung in die Stadt **Burlada** ⮞ ✕ 🎪 🏛 (15.000 Ew.) übergeht. Fast 1 km geht man weiter geradeaus bis kurz vor das Ortsende, wo zahlreiche Markierungen anzeigen, daß die Hauptstraße halbrechts verlassen werden muß.

Man geht in die kurze Calle Larrainzar und überquert nach 150 m eine breite Straße; gegenüber geht man auf einer schmaleren Straße 1,5 km bis zur mittelalterlichen Magdalena-Brücke über den Fluß **Arga**, wo man die ersten Ausläufer von Pamplona erreicht. Auf der anderen Seite des Flusses verläuft der Weg halbrechts 500 m durch Parkanlagen unterhalb der Stadtmauer, bis er dann leicht ansteigt und durch das Stadttor **Portal de Francia** in die Altstadt führt. Geradeaus geht es in die Calle del Carmen; nach 250 m kann man links durch die Calle de la Navarrería zur Kathedrale gelangen.

Weiter durch die besagte Calle del Carmen geht man nach 50 m rechts in die Calle de los Mercaderes. Nach 100 m kommt man über den Rathausplatz zur Calle de San Saturnino; hier geht man nach rechts, und nach 30 m befindet sich die Pilgerherberge in der Kirche San Saturnino.

Pamplona (bask. Iruñea)

⇧ 449 m; 166.000 Ew. 🏨 ⮞ ✕ 🎪 🏛 ✓ ⊞

🛈   Calle Eslava 1 (Plaza San Francisco), ☎ 948206540.

▶   **Pamplona** wurde als römische Siedlung wahrscheinlich von Pompeius gegründet. Vom 9. Jh. bis 1512 war Pamplona Hauptstadt des Königreichs Navarra; auch nach der Eingliederung in Spanien blieb Pamplona immer die Hauptstadt der Region Navarra. (Eine kurze historische Einführung zu Navarra wird erst bei Puente la Reina gegeben, wo sich beide Jakobswege vereinen, ☞ Cizur Menor - Puente la Reina.)

▶   Alljährlich vom 6. bis 14. Juli finden in Pamplona die Festlichkeiten zu Ehren des Patrons von Navarra **San Fermín** statt, die von Hemingway in aller Welt bekannt gemacht wurden, und von denen vor allem die allmorgendlichen Stier-läufe (*encierros*) berühmt sind.

Die Pilgerherberge bleibt während der Festtage geschlossen, und auch die Öffnungszeiten der beiden nahegelegenen Herbergen verbieten einen abend-lichen Besuch Pamplonas. Morgens von Trinidad de Arre aufzubrechen, um die

Stierläufe um 8:00 zu sehen, ist auch problematisch, denn die Stadt ist dann ein Tollhaus voller Betrunkener (und Nicht-Betrunkener) in Feststimmung, und von den Stierläufen kann man bei den Menschenmassen sowieso nichts sehen. Darum ist es zu empfehlen, Pamplona in der Zeit des San-Fermín-Festes am Tage zu durchqueren, die Feststimmung zu genießen und dann weiterzuziehen.

In jedem Fall kann man das Gepäck für ein paar Stunden in der Gepäckaufbewahrung im Busbahnhof lassen (*Estación de Autobuses*, Plaza de la Paz). Wer sich für die Stierläufe interessiert, kann diese an jedem Morgen um 8:00 in praktisch jeder spanischen Bar als Live-Übertragung sehen.

✟   **Kathedrale**: Gotisch aus dem 14./15. Jh. Im Inneren ist besonders der Alabastersarg von König Karl III. von Navarra und seiner Gemahlin Leonor aus dem 15. Jh. sehenswert.

◆   Zu den Messen 🕭 täglich 19:00 - 20:00 sowie Mo bis Fr 9:00 - 10:15, Sa 7:45 - 10:15 + So 10:30 - 13:30, sonst nur durch das Museum zu besichtigen.

⌘   **Diözesanmuseum**: Sehenswert ist besonders der gotische Kreuzgang.

◆   Eingang 100 m rechts vom Hauptportal der Kathedrale in der Calle de la Dormitalería; 🕭 10:00 bis 13:30 und 16:00 bis 19:00 (vom 15.7. bis 15.9. durchgehend), Sa nur vormittags, So geschlossen; Ptas. 550.

Stadtrundgang: Dieser Rundgang von 1,5 km Länge beginnt an der Kathedrale und endet auf dem Rathausplatz. Vom Hauptportal der Kathedrale geht man nach links und um die Kathedrale herum zur Stadtmauer, von wo man einen schönen Blick auf die Ebene des Arga-Flusses und die Berge hat.

Rechts läuft man 400 m auf der Stadtmauer entlang und dann eine Treppe hinunter zur Plaza Santa María la Real. Von hier geht man geradezu zur unübersehbaren Stierkampfarena an der Straße Paseo Ernest Hemingway; vor dem Haupteingang steht eine Büste des Schriftstellers und Liebhabers der Stierkämpfe, Pamplonas und seines Festes.

Gegenüber der Stierkampfarena geht es in die Calle Estafeta. (In der Nähe der ersten Kreuzung ist das Fremdenverkehrsamt.) Durch die Calle Estafeta kommen während des San-Fermín-Festes die Stiere und Stierläufer Richtung Stierkampfarena gerannt. Achten Sie auf die Löcher im Boden am Rande der Straßenkreuzungen: Hier werden die Absperrungen für die Stierläufe aufgebaut.

☺   Nach 200 m in der Calle Estafeta machen Sie am besten einen Abstecher nach links auf die Plaza del Castillo mit schönen Cafés.

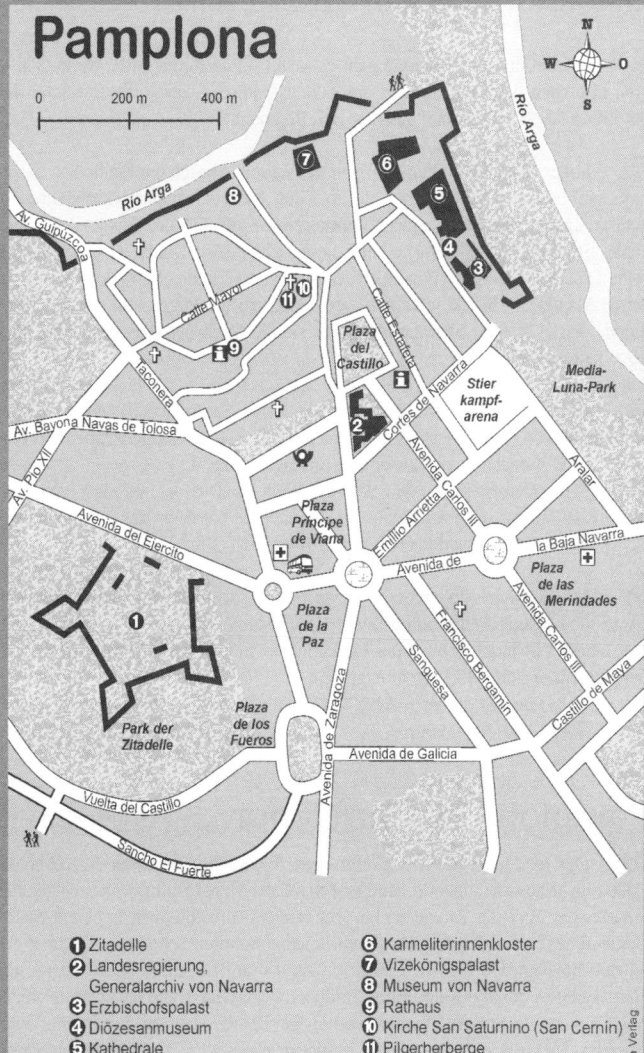

Pamplona

0   200 m   400 m

N
W   O
S

Rio Arga

Av. Guipúzcoa

Rio Arga

Calle Mayor

Taconera

Plaza del Castillo

Calle Estafeta

Calle de Navarra

Stier kampf-arena

Media-Luna-Park

Av. Bayona Navas de Tolosa

Av. Pío XII

Avenida del Ejercito

Plaza Principe de Viana

Ermilo Arrieta

Avenida Carlos III

Avenida de

Aralar

la Baja Navarra

Avenida Carlos III

Plaza de las Merindades

Castillo de Maya

Plaza de la Paz

Avenida de Zaragoza

Francisco Bergamín

Sangüesa

Plaza de los Fueros

Avenida de Galicia

Park der Zitadelle

Vuelta del Castillo

Sancho El Fuerte

❶ Zitadelle
❷ Landesregierung,
    Generalarchiv von Navarra
❸ Erzbischofspalast
❹ Diözesanmuseum
❺ Kathedrale

❻ Karmeliterinnenkloster
❼ Vizekönigspalast
❽ Museum von Navarra
❾ Rathaus
❿ Kirche San Saturnino (San Cernín)
⓫ Pilgerherberge

© Stein Verlag

Zurück auf der Calle Estafeta geht es weiter bis zu ihrem Ende, wo man links zum hübschen barocken Rathaus aus dem 17. Jh. und zur kuriosen Kirche San Saturnino (auch San Cernín) aus dem 13. Jh. kommt.

☺   In der Altstadt von Pamplona, in den Räumlichkeiten der Kirche San Saturnino, gibt es eine Pilgerherberge, die aber den Ansprüchen einer Großstadt nicht genügt. Darum wird im Sommer normalerweise die Schule "Amaiur" am südlichen Stadtrand als Pilgerunterkunft hergerichtet. Auf Dauer ist das natürlich keine Lösung, so daß der Bau einer neuen Herberge in der Nähe der mittelalterlichen Magdalena-Brücke erwogen wird, dort, wo die Pilger, von Norden kommend, den Fluß Arga überqueren, bevor sie die Stadt betreten. Das kann aber noch Jahre dauern.

🏠   Gute Herberge im Gebäude der Kirche San Saturnino; 20 Liegen, Küche; im Sommer von Freiwilligen betreut. Eine enge und steile Wendeltreppe führt hinauf, was die Aufnahme von Radfahrern unmöglich macht.
◆   Calle Ansoleaga 2, kein ☎; 🛏 Ostern bis Oktober ab 13:00, aber im Juli/August geschlossen, wenn die Schule "Amaiur" zur Pilgerherberge umfunktioniert wird (siehe unten), Ptas. 500.

🏠   Möglicherweise Sommerherberge in der Sporthalle der Schule (*colegio*) "Amaiur" am südlichen Stadtrand von Pamplona, 2 km vom Zentrum entfernt. Der Eingang befindet sich auf der Rückseite der Schule bei den Sportanlagen. In der Sporthalle sind 140 Liegen aufgestellt.
◆   Calle Fuente del Hierro, Ecke Calle de Iturrama, kein ☎; im Juli und August 🛏 ab 13:00; Ptas. 500.

Pamplona - Cizur Menor   (5 km) Karte 1a

🚶   Der markierte Jakobsweg führt von der Kirche San Saturnino über die Calle Mayor aus der Altstadt. Am Ende der Calle Mayor läuft man weiter geradeaus, bis der Park der Zitadelle (16. Jh.) erreicht wird, die man in einem weiten Bogen umgeht. Auf der dem Stadtzentrum abgewandten Seite zeigen gelbe Pfeile an den Bäumen, wo man den Park verlassen muß. Durch die Calle Fuente del Hierro geht es durch die modernen Stadtviertel. Am Stadtrand kommt man an der oben genannten Schule "Amaiur" vorbei (km 2), wo sich die Sommerherberge befindet. 800 m geradeaus laufend, verläßt man die Stadt; am Ende dieser Straße geht man rechts und nach 100 m links über eine schmale Straßenbrücke. Nach 2 km auf der Landstraße kommt man nach **Cizur Menor** 🏠 ✕ 🛏

🏠 Der Malteser-Orden betreibt seit 1999 eine Pilgerherberge, zu der auch eine romanische Kirche gehört. Es gibt 25 Liegen, Küche und Aufenthaltsraum.

♦ Direkt am Ortseingang 50 m nach links; ☎ 600386891; 🛏 von Anfang Juni bis Ende September ab 12:00; Ptas. 700.

🏠 Gute Herberge mit 16 bequemen Betten und einem schönen Garten.

♦ Im Ortszentrum rechts nach 50 m Paseo de Beltzeta 1, ☎ 948183885; 🛏 ständig, aber in der Nebensaison sollte man anrufen, ob evtl. wegen der Ferien geschlossen ist, ab 13:00; Ptas. 700.

☺ Wer hier am Wochenende übernachtet, sollte etwas zum Frühstücken mitbringen, denn die Lokale öffnen erst spät.

Cizur Menor - Puente la Reina
(22,5 km) Karte 1a

🚶 Auf der Straße geht man 200 m zum Ortsausgang und am Frontón rechts. Immer geradeaus geht man 100 m auf einer kleinen Straße, 600 m auf einer Piste, 300 m wieder auf einer Straße und 700 m auf einer Piste, bis man plötzlich auf einen Feldweg links abbiegen muß. Nach 800 m wird eine Straße überquert, und nach weiteren 4 km auf Feldwegen kommt man nach **Zaraquiegui** (km 6,5).

Das Dorf wird gerade durchquert, und weiter geht es 700 m auf einer Piste. An einer Weggabelung geht man halblinks auf einen Pfad, der zunächst steil ansteigt und, wieder breiter werdend, nach 1,8 km die Paßhöhe **Puerto del Perdón** (km 9) erreicht.

▶ **Windpark (*parque eólico*)**: Auf dem Bergrücken, "wo der Weg der Winde mit dem Weg der Sterne zusammentrifft", stehen 40 gigantische Windräder zur Stromerzeugung.

🚶 Auf der Paßhöhe wird eine Landstraße überquert, und es geht 3,5 km auf steinigen Wegen zumeist bergab bis **Uterga** (12,5 km), das auf seiner langen Hauptstraße durchquert wird. Vor dem letzten Haus am Ortsausgang geht man links und dann gleich wieder rechts auf eine Piste. Nach 400 m bergab geht man wieder rechts auf einen Feldweg und erreicht nach 2 km **Muruzábal** ♀ 🏠 (km 15,5).

Windpark mit Figuren -mk

Hier kann man 400 m nach dem Ortsausgang halbrechts dem markierten Jakobsweg folgen und nach 1 km über Feldwege Obanos erreichen, wo man den Pfeilen folgend 500 m durch den Ort bis zum monumentalen Hauptplatz geht.

Es ist aber zu empfehlen, 3 km Umweg in Kauf zu nehmen, um die **Kirche Eunate** zu besichtigen, ein absolutes Muß auf dem Jakobsweg.

In Muruzábal geht man darum halblinks durch das Zentrum über die Plaza de la Villa und die Plaza Mayor und verläßt das Dorf auf einer kleinen Straße, die bald in eine Piste übergeht und direkt auf die Kirche Eunate (km 18) zuführt. Hier treffen die beiden Jakobswege zusammen, der aus Aragón und der aus Navarra.

✠   **Kirche Eunate**: Harmonische romanische Kapelle, deren Ursprung unklar ist, aber ihre achteckige Form und andere Indizien lassen eine Templerkirche vermuten (📷 Seite 57).
♦   November, Januar + Februar 🕐 10:00-13:00 + 16:00-17:30; März-Juni + Oktober 10:30-13:30 + 16:00-19:00, Juli - September 10:30-13:30 + 17:00-20:00; Mo geschlossen; im Dezember vollständig geschlossen; Eintritt frei.

🚶🚶   Von der Kirche Eunate geht es westlich 1 km einen Feldweg entlang, bis man die Landstraße kreuzt und auf der anderen Seite parallel zur Straße nach 1,5 km **Obanos** ⇆ ✕ 🏳 🛐 (km 20,5) erreicht. Den Pfeilen folgend geht man zum schönen Hauptplatz.

Auf diesem Platz wurde in den vergangenen Jahren jeweils Ende Juli das *Misterio de San Guillén y Santa Felicia* aufgeführt, das einzige noch heute in Spanien existierende mittelalterliche Singspiel (*auto sacramental*). Es geht auf eine mittelalterliche Überlieferung zurück, nach der Wilhelm (*Guillén*), der Herzog von Aquitanien, seine Schwester Felicia im Zorn erstach, weil sie auf dem Rückweg von der Pilgerfahrt nach Santiago nicht mehr an den Fürstenhof zurückkehren, sondern ihr Leben den Armen widmen wollte. Entsetzt über seine frevelhafte Tat pilgerte der Schwestermörder zunächst nach Santiago und zog sich dann als Büßer und Einsiedler in die Kapelle auf der Höhe von Arnotegui bei Obanos zurück.

An acht Abenden vom 22. bis 29. Juli wird der Hauptplatz von Obanos zu einer einzigartigen Freilichtbühne für 1.200 Zuschauer und 500 Schauspieler, die zum größten Teil von den 800 Einwohnern des Ortes gestellt werden. Seit 1977 wurde das Mysterienspiel nur in den Heiligen Jahren 1993 und 1999 aufgeführt, aber der große Erfolg führte zur Wiederholung im Jahr 2000. Es war bei Drucklegung jedoch noch ungewiß, ob 2001 die nächste Inszenierung stattfindet. Informationen beim Fremdenverkehrsamt von Puente la Reina.

💻   <www.misteriodeobanos.org>

🚶 Links von der Kirche geht es durch einen Torbogen, über eine Straße und zwischen den gegenüberliegenden Häusern weiter, wo der Jakobsweg markiert ist. Bald kommt man auf einem Feldweg aus dem Ort, der nach 1 km die Landstraße erreicht, die überquert wird; auf der anderen Seite führt ein schmaler Feldweg 500 m bis zum Ortseingang von Puente la Reina.

Nach 500 m auf der Hauptstraße liegt auf der linken Straßenseite die Pilgerherberge des Priesterseminars.

Puente la Reina (bask. Gares)

⬆ 347 m; 2.100 Ew. 🏨 🛏 ✗ 🛒 🐴 ✓ ⊞

ℹ️ Plaza Mena, ☎ 948340845; 🔦 Ostern bis Dezember.

▶ Der Ort verdankt seinen Namen der **Brücke**, die im Auftrag der Königin von Navarra im 11. Jh. gebaut wurde, um den Pilgern den Flußübertritt über den Arga zu erleichtern.

Puente la Reina ist einer der bekanntesten Orte des Jakobsweges, weil sich hier endlich alle wichtigen Wege zu einem einzigen Weg vereinigen, der durch Nordspanien führt.

▶ In Puente la Reina erkennt man besonders deutlich die langgezogene mittelalterliche Pilgerstraße, die sog. *sirga peregrinal*, um die herum sich die Ortschaften des Jakobsweges gebildet haben.

Besonders in den kleineren Ortschaften, die sich seit dem Mittelalter kaum verändert haben, ist die heutige Hauptstraße nach wie vor mit der alten Pilgerstraße identisch.

Dort standen die Pilgerhospitäler, und auch heute noch befinden sich hier praktisch alle wichtigen Monumente der Pilgerorte.

✝ **Kirche des Kreuzes (*Iglesia del Crucifijo*)**: Romanische Kirche aus dem 12. Jh. die ihren Namen einem sehenswerten Kruzifix in Y-Form aus dem 14. Jh. verdankt, das aus dem Rheinland stammt.
♦ Täglich 🔦 9:00 - 21:00; Eintritt frei.

✝ **Santiago-Kirche**: Schöne romanische Fassade aus dem 12. Jh.
♦ Täglich 🔦 🔦 9:00 - 20:00 (es wird erwogen, die Kirche nur noch zur Messe zu öffnen), Eintritt frei.

✝ **Pilgermesse**: Täglich 🔦 zur Sommerzeit 20:00; zur Winterzeit 19:00 in der Santiago-Kirche, mit anschließender Pilgersegnung.

🏠   Einfache Herberge mit 72 Liegen; Küche, Eßzimmer.

♦   Am Ortseingang links; wird vom Priesterseminar geführt, dessen Eingang dem Eingang der Kirche des Kreuzes gegenüberliegt, ☎ 948340050, ⏰ täglich ab 15:30. Wenn im Winter geschlossen ist, muß man sich beim Priesterseminar melden; Ptas. 500.

🏠   Private, im Jahr 2000 eröffnete, ausgezeichnet ausgestattete Herberge am westlichen Ortsausgang: Nach Überquerung der mittelalterlichen Brücke geht man nicht links, sondern gegenüber eine Piste 350 m bergauf bis zum freistehenden Herbergsgebäude. Ab 2001 bietet sie etwa 100 Personen Platz, sowie über Restaurant, Aufenthaltsraum, Laden, Waschmaschine, Trockner usw. verfügen.

♦   Am westlichen Ortsausgang, 350 m vom Jakobsweg entfernt; ☎ 94834-0220; ⏰ ganztägig, sicher von Ostern bis Oktober, Rest des Jahres ist noch unklar; Ptas. 700.

Navarra

Hier, wo sich beide Jakobswege vereint haben, soll das alte Königreich Navarra kurz vorgestellt werden: Es entstand als Königreich Pamplona im 9. Jahrhundert und war Anfang des 11. Jh. das dominierende christliche Königreich in Nordspanien. Der Jakobsweg hatte für die Entwicklung Navarras eine besondere Bedeutung: Zahlreiche Orte wurden gegründet, und der Pilgerstrom und die Ansiedlung ausländischer Handwerker und Kaufleute führten zu einer dynamischen Wirtschaftsentwicklung.

Im 11. Jahrhundert jedoch übernahmen die neu entstandenen Königreiche Kastilien und Aragón die Initiative im Kampf gegen die Mauren und schnitten Navarra von der Expansion nach Süden ab. Navarra wurde so zu einem zweitrangigen Pyrenäenkönigreich.

Als die spanischen Königreiche Kastilien und Aragón sich durch die Ehe der katholischen Könige Isabel und Ferdinand vereint und diese 1492 mit der Eroberung Granadas ihre *Reconquista*, d.h. die Eroberung des von den Mauren beherrschten Spanien vollendet hatten, war ein selbständiges Navarra nicht mehr tragbar - 1512 wurde der spanische Teil Navarras erobert.

Nur Nieder-Navarra auf französischer Seite blieb noch eine Zeitlang ein selbständiges Königreich, bis es in Frankreich aufging.

Vereinigung
beider Wege:
Camino Francés

Pilger auf der Römerbrücke von Hospital de Orbigo -mk

Puente la Reina - Estella (22,5 km) Karten 3/4

Puente la Reina

🚶🚶 Hinter der mittelalterlichen Brücke geht man links zur N-111 und dann parallel zur Nationalstraße auf einer Seitenstraße, die bald in Feldwege übergeht und nach 4 km **Mañeru** ✕ 🍴 🏛 (km 4,5) erreicht.

An der Kreuzung am Ortsanfang nimmt man die Straße, die links in den Ort führt. Der Weg durch Mañeru ist gut gekennzeichnet.

Auf Feldwegen läuft man von dort 2,5 km geradeaus bis **Cirauqui** ✕ 🍴 🏛 (km 7,5). Zuerst geht es steil bergauf bis zum kleinen Hauptplatz, gegenüber durch einen Torbogen, dann wieder bergab und am Ortsende rechts. Der Jakobsweg führt auf einer alten Römerstraße vom Ort weg, und nach 300 m überquert man eine eindrucksvolle, halbverfallene römische Brücke.

Danach geht es über die N-111 hinweg, und auf der anderen Seite führt der Jakobsweg nach links auf einer Piste oberhalb der Nationalstraße weiter. Nach 1 km kann man parallel rechts neben der Piste auf den Resten der alten Römerstraße gehen. Nach 700 m kreuzt dieser Weg die Piste und führt halblinks weg. Nach 500 m kreuzt der Weg erneut die Piste, die man jetzt definitiv rechts verläßt. Weiter geht es 1 km auf Feldwegen über Reste der Römerstraße, bis man wieder auf die N-111 und zu einer Straßenkreuzung kommt (km 11,5). Hier geht es nach rechts - man läuft 600 m auf der Landstraße - und dann nach links auf einen Feldweg über die mittelalterliche Brücke über den Fluß **Salado**. Hinter der Brücke geht man 400 m auf einem steinigen Weg und durchquert einen Tunnel unter der N-111, geht dann rechts auf eine Asphaltstraße und nach 100 m links auf einen Feldweg. Nach 1 km immer geradeaus erreicht man **Lorca** ✕ 🍴 (km 13,5).

Römerbrücke bei Cirauqui

Auf der Hauptstraße durchquert man Lorca, und 500 m nach dem Ortsausgang wird die N-111 erreicht. 1 km geht es auf einem schmalen Pfad am Rand der Nationalstraße entlang, dann biegt man links auf eine Piste ab, aber nach 200 m geht es wieder nach rechts auf einen schmalen Feldweg, der nach 700 m in eine Piste übergeht. Nach 500 m geht man links auf einen Feldweg, nach nur

50 m aber sofort wieder rechts auf eine andere Piste und auf dieser 1 km geradeaus bis zum Ortsanfang von **Villatuerta** ✕ ▦ ♠ (km 18).

Am Ortsanfang geht man sofort links und dann 500 m geradeaus. Bei einem Schulgebäude wechselt man auf die rechts liegende Parallelstraße, auf der man nach 300 m eine alte kleine Brücke überquert.

Nach 300 m kommt man am Kirchplatz vorbei. Geradeaus verläßt man den Ort; nach 500 m geht es nicht mehr geradeaus weiter, sondern man muß rechts zur N-111, dort links, dann wird die Straße sogleich wieder rechts verlassen. Nach 800 m Piste zweigt rechts ein schmaler Pfad ab, der nach 1 km in eine Betonpiste übergeht. Nach 1 km kommt man zum Ortseingang von Estella, wo man nach 300 m Landstraße links auf einer modernen Fußgängerbrücke den Fluß **Ega** überquert.

Am anderen Ufer erreicht man über eine schöne Wiese die Kirche des Heiligen Grabes (*Iglesia del Santo Sepulcro*) mit ihrem sehenswerten gotischen Portal. An ihr vorbei führt der Jakobsweg in die alte Pilgerstraße, die *sirga peregrinal*, die heute Rua Curtidores heißt.

Nach 200 m kommt man zu einer Kreuzung, an der die Pilgerherberge liegt, und nach weiteren 300 m erreicht man die Plaza de San Martín, wo sich die wichtigsten Monumente und das Fremdenverkehrsamt befinden.

Estella (bask. Lizarra) ⇧ 426 m; 13.600 Ew. ⌂ ↤ ✕ ▦ ♠ ✓ ⊞

ℹ️   San Nicolás 3, im Palast der Könige von Navarra, ☎ 948556301.

▶   **Estella** war eine wichtige Stadt auf dem Pilgerweg nach Santiago. Voller Monumente im romanischen Stil, wurde die Stadt von den Pilgern *Estella la Bella* genannt, "Estella die Schöne".

⌘   **Palast der Könige von Navarra**: 12. Jh., romanisch, eines der ältesten zivilen Gebäude Spaniens, das heute für wechselnde Ausstellungen genutzt wird.
♦   Di bis Sa 🕐 11:00 bis 13:00 + 17:00 bis 19:00, So 11:00 bis 13:30, Mo geschlossen; Eintritt frei.

✝   **Kirche San Pedro de la Rua**: Estellas bedeutendstes Monument; 12. Jh.; sehenswert sind das Portal am Ende der monumentalen Treppe sowie der Kreuzgang mit schönen romanischen Kapitellen.
♦   Die Kirche öffnet nur zur 20:00-Uhr-Messe. Am besten ist es, an einer der Stadtführungen teilzunehmen, die das Fremdenverkehrsamt organisiert und die zwischen einer halben und eineinhalb Stunden dauern (zu unterschiedlichen Preisen). Der Kreuzgang ist sonntags vormittags zur kostenlosen Besichtigung geöffnet; Infos im Fremdenverkehrsamt.

✝   **Kirche San Miguel**: Nur Außenbesichtigung; auf der anderen Seite des Flusses im heutigen modernen Stadtzentrum; sehenswert ist die hervorragende romanische Fassade.

🏠   Ausgezeichnete neue Herberge mit 64 Liegen, Küche, Aufenthaltsraum und Innenhof.

◆   Calle Rua, ☎ 948550200; Juni-September 🛏 ab 12:30, sonst ab 14:00; in den Weihnachtsferien drei Wochen lang geschlossen; Ptas. 500.

Estella - Villamayor de Monjardin

(9,5 km) Karte 4

🚶🚶   Die Pilgerstraße mündet auf die N-111, der man bis kurz vor Ortsausgang folgt, wo man bei einer Tankstelle nach rechts geht. 500 m geht man auf einer Piste, die dann in eine Straße übergeht, die den Ort **Ayegui** 800 m geradeaus durchquert.

Kurz vor Ortsende gibt es zwei Wegalternativen: Man kann entweder geradeaus direkt Richtung Azqueta gehen oder nach links einen kleinen Umweg über Irache machen. Den Umweg sollte man aber auf keinen Fall auslassen, so daß man vom Abzweig links die Straße hinab geht und die N-111 überquert; auf der anderen Straßenseite geht es auf einem Feldweg weiter.

Nach 400 m kommt man zur Weinkellerei "Bodegas Irache", die am Weg für die Pilger eine Wasser- und Weinquelle angelegt hat. Hier kann man bei einem guten Schluck Wein eine Pause machen. Sie können den Wein einfach zapfen! In der Weinkellerei kann man einen Stempel bekommen, ebenso im Kloster Irache (km 3), das 100 m weiter auf der linken Seite liegt (📷 Seite 61).

✝   **Kloster Irache**: Eines der ältesten Klöster Navarras mit romanisch-gotischer Kirche und Renaissancekreuzgang. Das Kloster liegt am Fuß des mächtigen Berges **Montejurra** (1.044 m), der im 19. Jh. Schauplatz historischer Ereignisse war.

◆   🛏 9:30 - 13:30, nachmittags Mi - Fr 17:00 - 19:00 sowie Sa + So 8:30 - 13:30 + 16:00 - 19:00, Mo gänzlich und Di nachmittags geschlossen, im Dezember geschlossen; Eintritt/Führung frei.

🚶🚶   Am Kloster vorbei führt der Weg geradeaus auf eine Piste. Nach 600 m biegt man rechts auf eine andere Piste ab, die nach 500 m die Nationalstraße überquert. Auf der anderen Seite geht man auf einer parallelen Nebenstraße zur

N-111 durch den Komplex des Hotels Irache (Die dort ausgeschilderte Herberge ist nur für Gruppen). Nach 400 m geht man geradeaus durch eine Häusergruppe und nach 300 m weiter geradeaus auf einen Feldweg. Nach 1,2 km auf Feld- und Waldwegen überquert man eine Straße und geht sofort danach links auf einen Waldpfad, der aber nach 100 m wieder zur Piste wird. Nach 1 km mündet diese in eine andere Piste, nach weiteren 200 m geht man an einer Pistenkreuzung links, und nach 500 m erreicht man **Azqueta** (km 7,5). Rechter Hand auf dem Berg ist die Burgruine von Monjardín zu sehen.

Der Ort wird durchquert, und am Ortsausgang geht es sofort halbrechts auf eine Betonpiste. Nach 200 m geht es an ihrem Ende links auf eine Piste und nach 400 m in einer Kurve geradeaus auf einen schmalen Pfad. Nach 700 m auf Feldwegen kommt man zum mittelalterlichen "Maurenbrunnen" (*Fuente de los Moros*), der wie ein Tempel aussieht (📷 Seite 97).

Nach 400 m erreicht man das Dorf **Villamayor de Monjardín** 🏠

🏠 Niederländische Christen eröffneten im Jahr 2000 diese ausgezeichnete und schön gelegene Herberge mit 20 Plätzen in Zwei-, Drei- und Vierbettzimmern; es gibt günstige Mahlzeiten.

♦ 200 m oberhalb des Hauptplatzes, Nr. 12. ☎ 616841632; 🛏 Ostern und im Sommer ab 16:30; Ptas. 900.

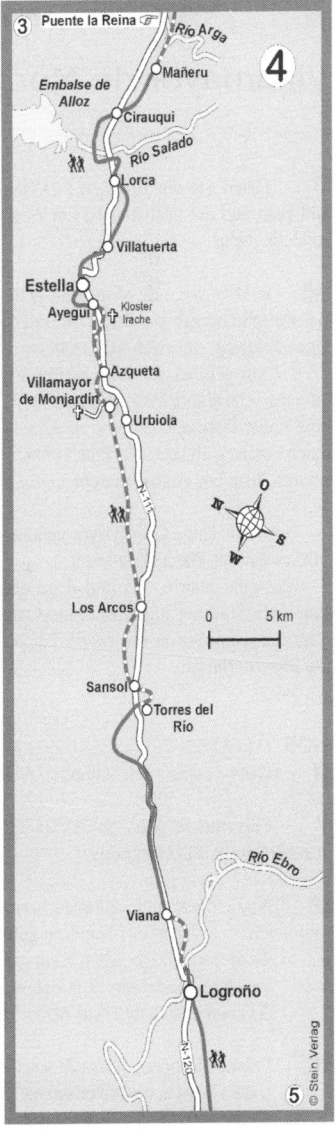

Villamayor de Monjardín - Los Arcos
(13 km) Karte 4

✋   Füllen Sie am Brunnen in Villamayor de Monjardín Ihre Wasserflaschen auf! Während der nächsten 13 km Wegstrecke gibt es keinen Ort und keine Wasserstelle mehr.

🚶🚶   In Villamayor de Monjardín geht es direkt hinter der Kirche links auf einer Betonstraße bergab aus dem Ort, und nach 200 m führt der Jakobsweg rechts auf einen Feldweg, der nach 500 m in eine Piste mündet.

5,7 km geht es auf einer breiten Piste geradeaus, bis man von dieser rechts auf eine schlechtere Piste abbiegen muß. Nach 500 m mündet diese wiederum in eine breite Piste und es geht geradeaus weiter. Nach 500 m biegt man links auf einen Feldweg ab, der allmählich immer besser wird, bis man nach 5 km auf einer breiten Piste Los Arcos erreicht.

Durch die lange Calle Mayor gelangt man ins Zentrum. Die Straße endet nach 500 m auf der Plaza de la Fruta.

Hier geht man rechts und dann geradeaus über die Plaza Santa María und durch ein Stadttor, hinter dem man zuerst die Landstraße und dann die Brücke über den Fluß Odrón überquert. Nach 50 m befindet sich auf der rechten Seite die Pilgerherberge.

Los Arcos
⇧ 444 m; 1.400 Ew. 🏠 🛏 ✕ 🍴 🐎 ✚

ℹ️   Calle Fueros 1 (im Rathaus), ☎ 948441142.

✝   **Pilgermesse**: Mo - Sa 20:30 + So 19:00 in der Kirche Santa María, mit anschließender Pilgersegnung.

🏠   Neu eingerichtete gute Herberge mit 70 Liegen, Küche und Aufenthaltsraum; von Freiwilligen aus Flandern geführt.

♦   Calle San Lázaro, 50 m nach der Brücke über den Fluß Odrón rechts hinter dem modernen Kulturzentrum (*Casa de Cultura*); ☎ 948441091; 🛏 Ostern bis Oktober ab 12:00; Ptas. 500.

🏠   Private Herberge "Casa Alberdi" mit 14 Liegen.

♦   Calle Hortal 3, am Jakobsweg Ortsausgang 100 m nach der o.a. Herberge. ☎ 948640764; 🛏 ständig; Ptas. 1.300; mit eig. Schlafsack nur Ptas. 1.000.

Los Arcos - Torres del Rio   (8 km) Karte 4

🚲   Von Sansol über Torres del Rio bis Viana ist die Strecke sehr anstrengend, und man bleibt besser auf der N-111.

🚶   An der Pilgerherberge vorbei verläßt man Los Arcos geradeaus. 4 km geht man auf einer Piste, dann rechts auf einen Feldweg 2 km, bis man zu einer Asphaltstraße kommt, der man nach links 1 km bis in den Ort **Sansol** ✕ ♨ (km 7) folgt. Achten Sie bei der Durchquerung des Ortes auf die gelben Pfeile an den Häusern! Die N-111 wird überquert, und auf der anderen Seite betritt man zunächst einen Betonweg, aber nach 50 m geht es nach rechts auf einen Pfad, der steil bergab führt. Nach 1 km erreicht man den Ort **Torres del Río** (km 8) 🏛 🏠

✝   **Kirche des Heiligen Grabes (*Iglesia del Santo Sepulcro*)**: Achteckige romanische Kirche aus dem 12. Jh. Drinnen ist die Kirche leer bis auf ein schönes gotisches Kruzifix aus dem 13. Jh. Kirche und Kreuz sind ausgezeichnet erhalten.

◆   Wollen Sie die Kirche besichtigen, fragen Sie, wer den Schlüssel hat ("*Quién tiene la llave?*"), denn mehrere Leute wechseln sich ab; Eintritt Ptas. 100.

🏠   Private Herberge im Hof eines historischen Gebäudes aus dem 16. Jh.; gute Herberge mit 30 Liegen

◆   Calle Mayor 3, von der Kirche 50 m entfernt; ☎ 948648051, ganzjährig 🚪 nachmittags; Ptas. 1.000.

Torres del Rio - Viana   (11 km) Karte 4

🚶   Von der Kirche geht es zunächst weiter bergauf und durch den Ort. Danach geht man 1,5 km auf Feldwegen, kommt dann zur N-111 und geht 500 m links von ihr auf einem Pfad. Schließlich wird die Nationalstraße überquert, und dahinter geht es links auf einem Pfad 400 m bis zur Kapelle Nuestra Señora del Poyo. Nach weiteren 200 m geht man auf die N-111, die nach 200 m in der nächsten Kurve wieder rechts verlassen wird.

Nach 100 m steigt ein Pfad links steil an. Nach 500 m stößt dieser Pfad auf eine Asphaltstraße, auf der man links geht, nach 100 m aber wieder rechts auf einen Feldweg. Dort gibt es sofort eine Weggabelung, an der man den Weg halbrechts nimmt. 3 km geht es nun auf gut markierten Feldwegen, bis man wieder die N-111 erreicht und überquert. Nach weiteren 400 m kommt man wieder zur Nationalstraße.

Von nun an bleibt man während der nächsten 3,2 km bis Viana entweder auf der Straße oder auf Wegen, die direkt neben ihr verlaufen.

Am Ortseingang von Viana geht man rechts von der N-111 über einen Weg und Seitenstraßen bergauf in den Ort. Achten Sie auf die gelben Pfeile! Der markierte Weg erreicht schließlich die Plaza del Coso, von der rechts die Calle Santa María abgeht, die zur Kirche führt.

Viana   ⇧ 469 m; 3.200 Ew. 🏠 🛏 ✕ 🏴 🎒 ⊞

🈸   Plaza de los Fueros 1 (im Rathaus), ☎ 948446302

✟   **Kirche Santa María**: Vor dem Renaissanceportal der Kirche befindet sich das Grab des spanisch-italienischen Feldherrn (die Inschrift sagt "navarrischer Feldherr") Cesare Borgia, der hier im Jahre 1507 im Alter von 32 Jahren in einer Schlacht fiel. Er war ein Sohn des Papstes Alexander VI. und der Inbegriff des skrupellosen Renaissancefürsten. Das erkannte man auch damals und bestattete ihn nicht in der Kirche, sondern vor dem Portal.

🏠   Gute Herberge mit 54 Liegen, Küche und Aufenthaltsraum. Zur Herberge geht man durch die Calle Santa María an der Kirche vorbei - die Straße heißt jetzt Navarro Villoslada - bis vor die Ruine der Kirche San Pedro und dort links.

♦   Calle San Pedro, ☎ 948645530; ganzjährig in Betrieb, April bis Oktober
🕛 ab 12:00, in der übrigen Zeit vorher anrufen; man kann auch die lokale Polizei (*Policía Municipal*) fragen, deren Büro sich im Rathausgebäude an der Plaza de los Fueros befindet; Ptas. 500.

Viana - Logroño   (10 km) Karte 4

🚶🚶   Man verläßt Viana über die Hauptstraße Calle Navarro Villoslada, vorbei an der Ruine der Kirche San Pedro. Den Markierungen folgend, - achten Sie gut darauf! - geht es 500 m aus dem Ort auf Feldwege, die nach 700 m eine Landstraße und nach weiteren 500 m die N-111 überqueren. 150 m geht man auf einem Feldweg links neben der Nationalstraße und dann auf einer Asphaltstraße nach 1,2 km an der Kapelle Virgen de Cuevas vorbei. 100 m danach überquert man eine Kreuzung und geht geradeaus auf eine Piste. Nach nur 50 m gibt es eine Pistengabelung, wo man halbrechts weitergeht. Auf einem Feldweg kommt man nach 1,3 km zu einem Wegweiser.

Der Jakobsweg ist rechts ausgeschildert, wo man bald die Nationalstraße kreuzt und in ihrer Nähe weitergeht. Es ist aber empfehlenswerter, vom

Wegweiser 500 m geradeaus zum Stausee **Embalse de las Cañas** zu gehen, der heute ein Naturschutzgebiet ist.

🦅 **Ornithologisches Observatorium**: Links neben einer Informationstafel. Es gibt eine ständige Ausstellung, und man kann sich Ferngläser ausleihen.

♦ Ganzjährig Sa/So 10:00-14:00 + 16:00-18:00, im Juli/August 18:00-20:00.

🚶 Der Jakobsweg, der auch hier markiert ist, führt auf einer Piste weiter nach rechts und erreicht nach 1 km die N-111, wo beide Wegalternativen wieder zusammentreffen. Nach 100 m auf der Nationalstraße wird die Provinzgrenze von Navarra und La Rioja erreicht. Nach weiteren 50 m geht man halbrechts auf eine Piste, die zuerst durch Tunnel die große Landstraßenkreuzung überwindet und dann nach 2,5 km die Vororte von Logroño erreicht. Dort, wo es auf einer schmalen Straße steil bergab geht, wartet Doña Felisa, eine freundliche ältere Dame, die die vorbeikommenden Jakobspilger registriert.

Nach weiteren 500 m kommt man schließlich an eine große Straße; hier geht es rechts 400 m auf dieser Straße bzw. hinter der linken Häuserreihe am Fluß **Ebro** entlang, der dann über die Brücke Puente de Piedra überquert wird. Direkt hinter der Brücke geht man nach rechts in die Straße Ruavieja, in Haus Nr. 32 befindet sich die Pilgerherberge.

Logroño

⬆ 384 m; 124.000 Ew. 🏠 🛏 ✕ 🍴 🛒 ✔ ⊞

ℹ Paseo del Espolón, ☎ 941291260 + ☎ 941260665.

▶ **Logroño** ist die Hauptstadt der spanischen Region **La Rioja**, aber sowohl historisch als auch kunsthistorisch recht unbedeutend. Die Rioja ist das wichtigste Weinbaugebiet Spaniens. Schon im Mittelalter wurde Wein angebaut und im 16. Jh. in viele Länder exportiert, aber der ganz große Aufschwung zu internationaler Bedeutung kam erst im 19. Jh.

Heute meint man, der Wein sei die einzige Charakteristik und Daseinsberechtigung dieser Region. Im Mittelalter erlebte sie jedoch durch die Pilgerfahrten nach Santiago eine wirtschaftliche und kulturelle Blütezeit. Seit der Rückeroberung von den Mauren im 10. Jh. gehörte La Rioja erst zu Navarra und fiel dann im Jahr 1076 an Kastilien. Zwischen beiden Reichen liegend, hat La Rioja immer einen eigenen Charakter bewahrt.

Logroños Entstehung am Jakobsweg ist noch heute deutlich zu erkennen. Man überquert die Brücke, an deren Standort schon im 12. Jh. eine Brücke die Überquerung des Ebro erleichterte, und man betritt Logroño auf seiner ältesten Straße, der Ruavieja, *sirga peregrinal.*

🏠   Ausgezeichnete Herberge mit 68 Liegen und 30 Matratzen, Küche, Aufenthaltsraum und schönem Innenhof.

♦   Ruavieja 32, ☎ 941260234 + ☎ 941239201; ganzjährig 🛏 ab 15:30, Ptas. 300.

Santiago "Maurentöter" -mk

▶   18 km südlich von Logroño befindet sich die **Burg von Clavijo**, die an eine faszinierende Episode des mystischen mittelalterlichen Spaniens erinnert. Im Jahr 844 kam es hier zu einer Schlacht zwischen den Truppen des Königs Ramiro I. von Asturien und den Mauren, die dieses Gebiet zu der Zeit beherrschten. Die Christen waren im Begriff, die Schlacht zu verlieren, als ein Reiter auf einem weißen Pferd erschien. Er trug eine weiße Fahne mit rotem Kreuz. Er tötete zahlreiche Mauren und führte das christliche Heer zum unerwarteten Sieg.

Es handelte sich um den Apostel Santiago, dessen Grab erst wenige Jahre vorher in Compostela entdeckt worden war. Seitdem war Santiago als *matamoros* ("Maurentöter") der Schutzheilige der *Reconquista*, der Wiedereroberung des von den Mauren beherrschten Spaniens.

Logroño - Navarrete   (13 km) Karte 5

🚶🚶   Man geht von der Pilgerherberge durch die Ruavieja Richtung Westen. Nach 200 m kommt man am Pilgerbrunnen vorbei und gleich danach an der Santiago-Kirche, die über dem Portal ein großes Standbild des "Maurentöters" zeigt. Weiter geradeaus geht es durch die Straße, die jetzt Calle Barriocepo heißt und verläßt die Altstadt durch das Stadttor Puerta del Camino (Tor des Weges - des Jakobsweges natürlich; auch Arco de Carlos V. genannt), überquert die Plaza del Alférez Provisional und geht in die Calle del Marqués de Murrieta Richtung Burgos. Nach 1 km wird eine Bahntrasse überquert, und nach weiteren 500 m geht es an einer Tankstelle (CEPSA/elf) halblinks weg von der Hauptstraße.

✋   Es gibt Markierungen, die aber oft von LKW verstellt sind. Achten Sie also auf die Tankstelle!

🚶🚶   Die gelben Pfeile des Jakobsweges führen den Pilger nun 1 km durch ein Industriegebiet. Im Jahr 2000 war hier eine große Baustelle, weil eine neue Straße angelegt wurde, so daß der definitive Verlauf des Weges unklar war. Schließlich wird aber die Autobahn-ähnliche Schnellstraße durch einen Tunnel unterquert, und auf der anderen Seite geht es auf einem asphaltierten Wanderweg 2,5 km bis zum Stausee **Pantano de la Grajera**. Heute ist das Gelände am Stausee ein Naherholungsgebiet ✗ für die Bürger von Logroño.

Man überquert nach rechts die niedrige Staumauer und geht dahinter nach links, wo die gelben Pfeile 1,7 km lang den Weg in der Nähe des Ufers markieren. Am Ende des Sees führt der Jakobsweg nach rechts und nach 150 m wieder nach links. 2,7 km verläuft eine Piste, die bald asphaltiert ist, links von der N-120. Nachdem sie endet, geht es noch weitere 300 m auf einem Pfad links neben der Straße, bis der Jakobsweg halbrechts auf eine Piste abgeht, die nach 1 km eine Brücke über die Autobahn überquert. Dahinter sieht man links die **Ruinen des Pilgerhospitals San Juan de Acre** (12. Jh.). Nach 1 km erreicht man Navarrete über die lange Calle de la Cruz. Nach 500 m liegt rechts die Bar "Los Arcos" und daneben die Pilgerherberge.

Navarrete

⇑ 512 m; 2.000 Ew. 🏠 🛏️ ✗ 🏴 🐎 ⊞

🏠   Neue, ausgezeichnete Herberge mit 40 Liegen, Küche, Aufenthaltsraum, Waschmaschine und Wäschetrockner; im Sommer von Freiwilligen geführt.

♦   Calle de la Cruz; 🔲 ganzjährig, im Sommer ab 15:00, während des restlichen Jahres kommt jemand abends vorbei; wenn verschlossen ist, kann man in der Bar "Los Arcos" fragen; Ptas. 300.

Navarrete - Nájera   (17 km) Karte 5

🚶🚶   Über die Hauptstraße Calle Prudencio Muñoz wird Navarrete verlassen, 700 m nach Ortsausgang mündet diese Straße auf die N-120, und nach weiteren 600 m befindet sich linker Hand der Friedhof.

Friedhof: Das Hauptportal und die zwei Seitenportale stammen vom ehemaligen Pilgerhospital San Juan de Acre (12. Jh.). Auf der Innenseite gibt es interessante Kapitelle: am westlichen Seitenportal sind Pilger dargestellt, die sich waschen und am östlichen Seitenportal Pilger, die essen und trinken.

♦   🔲 nur Do und So nachmittags, aber über die rechte niedrige Friedhofsmauer kann man zumindest hinüberschauen.

🚶🚶   Hinter dem Friedhof geht man auf eine Piste, die links neben der N-120 verläuft, und nach 400 m geht man halblinks auf eine Piste von der Straße weg.

Achtung: Es handelt sich um den zweiten Abzweig halblinks, nicht um den ersten, der sich nur 200 m nach dem Friedhof befindet!

Auf der besagten Piste geht man 2 km durch Weinfelder, bis man die N-120 überquert und auf der anderen Seite weitere 600 m durch Weinfelder geht. Die Nationalstraße wird erneut gekreuzt und man geht 3 km auf Pisten links von ihr. Dann wird eine Querstraße der N-120 überquert, und man geht geradeaus auf einen Feldweg, der sich allmählich von der Nationalstraße entfernt. Nach 1 km kommt man durch eine Landschaft, in der massenhaft Steinmännchen aufgestellt worden sind.

Noch 1 km, dann überquert man wieder die N-120, geht auf der anderen Straßenseite ein paar Stufen hinunter und dann 4 km parallel zur Nationalstraße durch Weinfelder.

Schließlich kommt man an einen Steinbruch, den man rechts 400 m umgehen muß, und dann überquert man über eine kleine Brücke den Bach **Yalde**. Nach weiteren 1,5 km auf Feldwegen wird erneut die N-120 überquert, und auf der anderen Straßenseite führt ein Feldweg direkt nach Nájera.

Der Weg geht nach 500 m in eine Vorortstraße über, die nach 400 m in die Calle San Fernando mündet. Nach 800 m überquert man den Fluß **Najerilla** und gelangt, den gelben Pfeilen folgend, durch die verwinkelten Straßen der Altstadt zum Kloster Santa María la Real und zur Pilgerherberge.

Nájera   ⇧ 484 m; 6.900 Ew. 🏠 🛏 ✕ 🛒 🛆 ✓ ⊞

🛈   Calle Constantino Garrán 8, ☎ 941360041.

▶   Die Stadt **Nájera** wurde im Jahre 920 den Mauren entrissen und dem Königreich Navarra angeschlossen. Seitdem war der Ort eine Residenz der Könige von Navarra und eine bedeutende Station auf dem Jakobsweg. Im Jahre 1076 fiel Nájera mit der gesamten Region La Rioja an Kastilien.

✟   **Kloster Santa María la Real**: Das Kloster wurde im 11. Jh. in einer Höhle gegründet, in welcher der König von Navarra, García Sánchez III., eine Madonnenstatue gefunden hatte. Im 15. Jh. wurde das Kloster vollkommen erneuert und erweitert. Sehenswert ist das Pantheon, in dem Königskinder aus dem 11. und 12. Jh. aus Kastilien, León und Navarra ihre letzte Ruhe fanden; die Särge sind aus dem 16. Jh. Besonders ragt aber das Grab der Königin Blanca von Navarra heraus, das aus dem 12. Jh. stammt. Auch der spätgotische Hochchor ist sehenswert.

◆   Di bis Sa 🕐 10:00 - 12:30 + 16:00 - 18:30 (Nov-März nur bis 17:30, Mo geschlossen außer Juli + August; Ptas. 200.

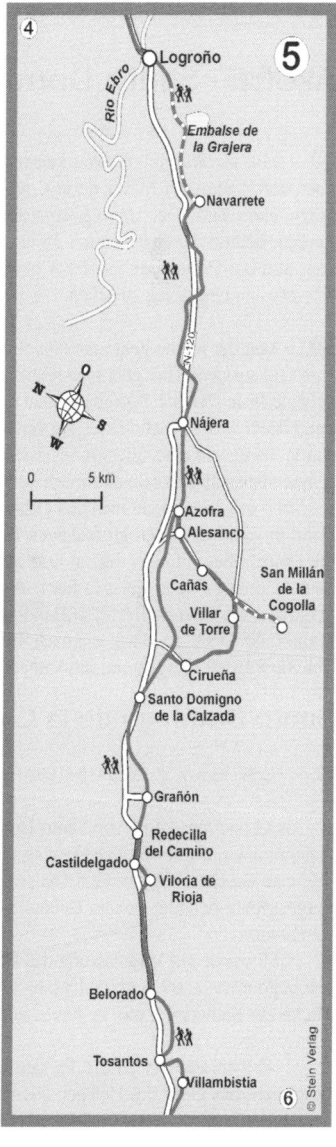

🏠 Schöne Herberge mit 60 Liegen und Aufenthaltsraum; es gibt eine Küche, empfiehlt sich aber, in den umliegenden Restaurants ein günstiges Menü zu essen. Im Sommer von Freiwilligen geführt.

♦ Plaza de Santa María la Real, im Gebäude des Klosters; 🕐 ab 15:00; Spenden

Nájera - Azofra
(6 km) Karte 5

🚶 Von der Pilgerherberge geht es am Kloster vorbei; 500 m den Markierungen folgend, verläßt man den Ort, und geht eine Piste bergauf. Nach 1,7 km geht man auf eine andere Piste halbrechts, die nach 1,3 km in eine Landstraße mündet. Diese erreicht nach 1,8 km **Azofra** 🏠 ✕ 🍺. Der Jakobsweg führt geradeaus weiter; zur Pilgerherberge geht man halblinks.

🏠 Schöne Herberge mit 16 Liegen und Küche, die 1992 mit Hilfe der Santiagofreunde Köln eingerichtet wurde.

♦ In einem Gebäude direkt an der Rückwand der Kirche; falls geschlossen ist, kann man Doña María, die Betreuerin der Herberge unter ☎ 941379057 anrufen oder einfach nach ihr fragen; 🕐 ständig, auch um sich auszuruhen und dann weiterzugehen; Spenden

Azofra - Santo Domingo de la Calzada

(16 km) Karte 5

☺   Von Azofra gibt es eine kunsthistorisch hochinteressante Nebenstrecke über Cañas und San Millán de la Cogolla, die im Anschluß an den Hauptweg beschrieben wird. Der Umweg kann aber eigentlich nur Radfahrern empfohlen werden, denn es handelt sich um 36 km auf - immerhin wenig befahrenen - Straßen, und die Öffnungszeiten der Monumente machen es für Wanderer unmöglich, alles an einem Tag zu sehen.

🚶🚶   Von der Kirche geht man hinunter zur Hauptstraße und auf dieser 200 m zum Ortsausgang. Hier geht man rechts auf die Landstraße und nach 150 m links auf eine Piste. Nach 1,7 km biegt man rechts auf eine andere Piste ab, aber nach nur 100 m wieder nach links. 1 km verläuft diese Piste links neben der Nationalstraße, dann wird eine Querstraße passiert, und es geht weiter geradeaus auf derselben Piste, die sich nun allmählich von der N-120 entfernt.

Nach 6,3 km erreicht man den Ortsanfang von **Cirueña** (km 9,5), wo es linker Hand im Zentrum einen großzügigen Brunnen gibt. Weiter geht man rechts auf die Landstraße und nach 400 m links auf eine Piste, die 4,6 km geradeaus nach Santo Domingo de la Calzada führt. Am Ortsanfang stößt man auf die Zubringerstraße, der man nach links 500 m folgt An einer Kreuzung geht es gegenüber in die Calle Doce de Mayo, die nach 400 m in die Calle Mayor übergeht, in der sich die Pilgerherbergen und die Kathedrale befinden.

Santo Domingo de la Calzada

⇧ 638 m; 5.300 Ew.   🏨 🛏 ✕ 🍴 🎒 ✔ ✚

ℹ️   Calle Mayor 70, ☎ 941341230.

Als Gründungsdatum von **Santo Domingo de la Calzada** wird das Jahr 1044 angenommen, als der Heilige Domingo de Viloria sich hier niederließ. Er errichtete eine Brücke über den Fluß **Oja** sowie ein Pilgerhospital und eine Pilgerherberge. Heute befindet sich im Gebäude dieser Herberge das staatliche Luxushotel *Parador*.

1089 wurde auf Veranlassung des Heiligen Domingo mit dem Bau einer Kirche begonnen. 1109 starb er. Im Jahr 1232 wurde die Stadt Bischofssitz und die Kirche zur Kathedrale, was sie heute jedoch nicht mehr ist.

✝   **Kathedrale:** Der größte Teil der Kathedrale ist gotisch. Sehenswert ist insbesondere das Grab des Heiligen aus dem 13. Jh., über dem sich ein gotisches Tempelchen aus dem Jahre 1513 erhebt. Gegenüber befindet sich der gotische

Der Ort Santo Domingo de la Calzada ist für folgende **Legende** berühmt: Ein Ehepaar war mit seinem Sohn auf Pilgerfahrt nach Santiago und übernachtete in einem Wirtshaus in Santo Domingo. Die Wirtstochter verliebte sich in den Sohn, aber der wollte nichts von ihr wissen und zog am nächsten Tag mit seinen Eltern weiter. Das beleidigte Mädchen hatte aber einen silbernen Becher in das Gepäck des Jungen gesteckt und zeigte ihn des Diebstahls an. Der Becher wurde entdeckt und der Junge zum Tod durch Erhängen verurteilt.

Als die Eltern nach Vollstreckung der Todesstrafe noch einmal zum Baum gingen, an dem ihr Sohn hing, stellten sie überrascht fest, daß der Junge lebend am Galgen hing, denn Santo Domingo stützte ihn an den Beinen. Das Ehepaar begab sich also zum Richter, um ihm von dem Wunder zu berichten, das ja die Unschuld ihres Sohnes bewies. Der Richter saß gerade am Mittagstisch und sagte, daß der Junge so lebendig sei wie die zwei Hühnchen, die er gerade verspeisen wollte. Daraufhin flogen die beiden Tiere davon.

Seitdem werden in der Kathedrale von Santo Domingo in einem Käfig ein weißer Hahn und eine weiße Henne gehalten, die wöchentlich ausgewechselt werden. Dies ist die bekannteste Legende des Jakobsweges, und in vielen Ländern, auch in Deutschland, findet man in einigen Kirchen Darstellungen dazu.

Käfig, in dem die lebenden Hühner gehalten werden. Bleiben Sie eine Zeitlang in der Kirche, vielleicht haben Sie Glück und der Hahn kräht! Interessant ist auch der freistehende Glockenturm aus dem 18. Jh.

◆ Mo bis Sa ⬛ 19:00 zur Messe und sonntags ganztägig. Ansonsten ist nur der kleine Bereich mit dem Grab des Heiligen und dem Hühnerkäfig von der Plaza del Santo aus frei zugänglich. Der Innenraum der Kirche kann von Mo bis Sa von 9:00 bis 18:30 nur durch das Museum betreten werden, Eingang in der Calle del Cristo; Ptas. 300, Pilger Ptas. 200.

✟ **Pilgersegnung** im Juli und August während der 20:00-Uhr-Messe; anschließend zeigt der Pfarrer die Kirche.

Ehemaliges mittelalterliches Pilgerhospital: Vor der Kathedrale an der Plaza del Santo. Heute ist darin ein staatliches Hotel der *Parador*-Kette untergebracht. Auch wenn man hier nicht übernachten möchte, kann man das Gebäude betreten und einen Kaffee trinken.

🏠 Sehr gute und sehr große Herberge mit 42 Betten und zusätzlich reichlich Platz in einem riesigen Gemeinschaftsschlafraum ohne Matratzen. Wanderer schlafen normalerweise im Bett und Radfahrer auf dem Boden. Sehr gute Küche, die das Nötigste zum Kochen zur Verfügung stellt, auch Nudeln für Nudelsuppe.

♦   Calle Mayor 42, an der Plaza de la Alameda, ☎ 941343390; 🛏 ganzjährig ab 11:00, auch zum Ausruhen. Spenden.

🏠   Seit dem Jahr 2000 haben auch die Nonnen im Zisterzienserkloster (17. Jh.) eine schöne Herberge eingerichtet, mit 34 Liegen, Küche und ruhigem Innenhof.

♦   Calle Mayor 29, ☎ 941340700; 🛏 von Mai bis Oktober ganztägig; Spenden.

Nebenstrecke Azofra - San Millán de la Cogolla - Santo Domingo de la Calzada   (36 km) Karte 5

🚲   Dieser Umweg mit seinen Sehenswürdigkeiten ist besonders für Radfahrer zu empfehlen, die kunsthistorisch interessiert sind.

🚶   Von der Pilgerherberge von Azofra geht man hinunter zum Ortsausgang zur Straßenkreuzung. Hier geht man nach links auf die Landstraße über **Alesanco** 🛏✕🍺🐴 (km 2) und **Canillas de Rio Tuerto** (km 4,5) nach **Cañas** (km 5).

✝   **Zisterzienserkloster**: Sehenswertes Kloster aus dem 13. Jh. mit einem großartigen Kunstwerk im Kapitelsaal: dem Grabmal der Seligen Urraca Lopez de Haro aus dem 13. Jh., dies ist wahrscheinlich das interessanteste Grabmal jener Epoche in ganz Spanien.

♦   🛏 April - Oktober Di - So 10:00 - 13:30 + 16:00 - 19:00, November - März Di - So 10:30 - 13:30 + 16:00 - 18:00, So immer erst ab 11:00, Mo geschlossen; Ptas. 400.

🚶   Auf der Landstraße geht es weiter über **Berceo** ✕🍺 (km 12); 500 m nach diesem Ort folgt man nach rechts dem Abzweig zu den Klöstern *Monasterios Yuso y Suso*. Nach einem weiteren Kilometer kommt der Abzweig (km 14) nach rechts zum Kloster Suso; links liegt das Kloster Yuso und unterhalb des Klosters der Ort **San Millán de la Cogolla** 🛏✕🍺.

✝   **Kloster Yuso**: Das Augustinerkloster Yuso, das untere Kloster von San Millán de la Cogolla, geht auf das 11. Jh. zurück. Der heutige Kirchenbau stammt aus dem 16. bis 18. Jh. und ist kunsthistorisch nicht sehr interessant.

Der Schatz des Klosters sind die im Museum ausgestellten Elfenbeintafeln auf den Reliquientruhen des Heiligen Millán und des Heiligen Felice, beide aus dem 11. Jh. Wichtig ist auch, daß im 13. Jh. Gonzalo de Berceo hier Mönch war, der erste gelehrte spanischsprachige Dichter.

♦ Sommer: 🗓 10:30 - 13:30 + 16:00 - 18:30, Rest des Jahres 10:30 - 13:00 + 16:00 - 18:00, Mo geschlossen (im Sommer geöffnet); die Schlußzeit bezieht sich jeweils auf den Beginn der letzten Führung, diese dauert etwa 45 min.; Mo geschlossen; Eintritt Ptas. 400. Um an einer Messe in Deutsch teilzunehmen oder eine Führung außerhalb der offiziellen Zeiten zu erhalten, wende man sich an Pater Alfonso Labarta, ☎ 941373049, FAX 941373221.

✟ **Kloster Suso**: Das 1,5 km oberhalb gelegene Kloster Suso geht auf das 6. Jh. zurück, als hier Eremiten in einer Höhle lebten, die sich langsam zu einem wichtigen Kloster entwickelte, bis dieses im 11. Jh. ins Tal verlegt wurde. Die meisten Teile des heutigen Klosters Suso stammen aus dem 10. Jh. und sind im christlich-maurischen, dem sog. mozarabischen Stil gebaut. Hier wurden im 10. Jh. die Textkommentare *Glosas Emilianenses* geschrieben, in denen die ersten schriftlich überlieferten Worte in spanischer und in baskischer Sprache festgehalten sind.

♦ Wegen Bauarbeiten bis auf weiteres geschlossen.

🚶🚶 Nach dem Besuch der beiden Klöster geht es zunächst auf dem Weg zurück, auf dem man gekommen ist, und zwar über **Berceo** ✗ 🍴 (km 19) bis zu einer Kreuzung (km 23,5), an der es nach links geht, nach **Villar de Torre** ⛲ 🍴. Nach weiteren 6 km erreicht man **Cirueña** (km 30), und 500 m danach geht man links auf eine Piste. Hier vereint sich die Nebenstrecke wieder mit dem oben beschriebenen Hauptweg nach **Santo Domingo de la Calzada** (km 36). Das Zentrum dieses Ortes erreicht man durch die Calle Mayor.

Santo Domingo de la Calzada - Grañón
(7 km) Karte 5

🚶🚶 Man verläßt Santo Domingo de la Calzada durch die Calle Mayor, die als echte *sirga peregrinal* die Stadt von einem Ende zum anderen durchzieht. Am Ende der Straße geht man geradeaus weiter und kommt auf die Zubringerstraße zur N-120. Dabei überquert man nach insgesamt 1,7 km den Fluß **Oja** (*río Oja*), dem die Region ihren Namen verdankt; hier hatte der Heilige Domingo schon im

Pilger in der Rioja -mk

11. Jh. eine Pilgerbrücke angelegt. Hinter der Brücke geht man auf eine Piste links neben der Straße. Nach 1,3 km muß man gut aufpassen: Es geht zwar rechts auf die N-120, sofort aber wieder links auf eine Piste, die weiter parallel zur Nationalstraße verläuft. Nach 1,5 km gibt es die Alternative, links oder rechts weiterzugehen. Der rechte Weg ist jedoch indiskutabel; er ist zwar kürzer, folgt aber der viel befahrenen N-120. Also geht man besser links auf die Piste und nach 200 m wieder rechts. Nach 2 km erreicht man **Grañón** 🏠 ✕ 🏳 🜉.

🏠   Gute und äußerst originelle Herberge im Kirchengebäude; der Eingang ist am Fuß des Turmes rechts, man geht durch eine alte Holztür und steigt dann Treppen hinauf bis in die Hohlräume der Kirche auf Höhe der Gewölbe; 30 Matratzen, Küche und gemütlicher Aufenthaltsraum. Hier wird christliche Nächstenliebe praktiziert, indem z. B. Pilger und *Hospitaleros* gemeinsam das Essen zubereiten.

♦   🚪 ständig; Spenden.

Grañón - Redecilla del Camino (4 km) Karte 5

🖐   Auf dem Weg von Grañon nach Redecilla mangelt es an Steinen und sonstigen festen Gegenständen, um Wegmarkierungen anzubringen, so daß man dort Stöcke in den Boden gesteckt hat, auf denen Pfeile angebracht sind. Normalerweise ist das zu sehen, aber es ist natürlich nicht auszuschließen, daß diese Markierungen einmal verschwinden oder ein Spaßvogel die Richtung ändert. Achten Sie also gut darauf, daß Sie außer den Pfeilen auch der folgenden Wegbeschreibung folgen!

🚶🚶   Auf der Rückseite der Kirche geht man links in die Hauptstraße und nach 150 m rechts in eine Seitenstraße, über die man den Ort verläßt. Am Ortsausgang geht man rechts und gleich wieder links auf eine Piste und nach 400 m wieder nach rechts auf eine andere Piste und über einen Bach. Nach weiteren 400 m biegt man in die zweite Piste wieder nach links ab. Nach 1 km zeigt ein Schild an, daß man die Rioja verläßt und Kastilien betritt. Nach fast 2 km betritt man **Redecilla del Camino** 🏠 🜉. Auf der rechten Seite der Dorfstraße befindet sich die Kirche und auf der linken Seite die Pilgerherberge.

✝   **Taufbecken in der Pfarrkirche**: 12. Jh., romanisch; absolut sehenswert.

♦   ▌ nur zur Messe, aber Don David hat den Schlüssel und öffnet gerne; er
wohnt 50 m weiter in der Calle Mayor 15. Man kann auch in der Pilgerherberge nachfragen.

🏠   Schöne Herberge mit 22 Liegen und einer kleinen Küche; im Jahr 2001
soll sie erweitert werden.

♦   Calle Mayor, gegenüber der Kirche; Spenden; ständig ▌.

Redecilla del Camino - Belorado

(12,5 km) Karte 5

🚶🚶   Man verläßt Redecilla auf der Calle, überquert nach 400 m die Nationalstraße und geht auf einer Piste links daneben 1,5 km bis **Castildelgado** 🛏 ✗ 🍴
(km 1,8). Weiter geht man 800 m neben der N-120, bis man links über eine
Nebenstraße in das 1,2 km entfernte Dorf **Viloria** (km 3,8) kommt. Hier wurde im
11. Jh. der Heilige Domingo geboren, der später den Ort Santo Domingo de la
Calzada gründete. Nach weiteren 1,4 km auf der Nebenstraße kommt man wieder auf die N-120 und erreicht auf der Piste links daneben nach 2 km **Villamayor**
✗ (km 7,5). Man geht linker Hand durch den Ort, kommt aber schon bald wieder zur Nationalstraße, der man 4 km bis zum Ortseingangsschild von Belorado
folgt, wo man die N-120 überquert und nach rechts über eine Piste in den Ort
kommt. Nach 1 km befindet sich auf der rechten Seite die Pilgerherberge, sobald
man eine befestigte Strasse erreicht.

Belorado

⇧ 770 m; 2.200 Ew. 🏠 🛏 ✗ 🍴 🐴 ✓ ⊞

🏠   Die Herberge ist im ehem. Theater der Pfarrei untergebracht; vom Theater hat man wenig verändert, lediglich eine Zwischendecke wurde eingezogen,
aber die Struktur - z.B. die Bühne - und teilweise das Mobiliar sind noch komplett
erhalten. Schöne und vor allem interessante Herberge mit 24 Liegen und Küche;
für die Pilger wird das Wichtigste zum Kochen zur Verfügung gestellt. Von Juni bis
September wird die Herberge von Freiwilligen aus der Schweiz geführt.

♦   Rechts neben der Kirche Santa María, ☎ 947580085 (Pfarrbüro, nur in
dringenden Fällen anrufen); ständig ▌; für Radfahrer ist im Sommer kaum
Platz, aber normalerweise gibt es ein Ausweichquartier in Belorado; sollte
dies nicht der Fall sein, muß man damit rechnen, nach Villafranca Montes
de Oca weiter zu fahren; Spenden.

✝   Abends gibt es gegen 19:00 oder 20:00 eine Messe mit anschließender **Pilgersegnung**; die Uhrzeit kann sich aber je nach Pfarrer ändern.

Belorado - Villafranca Montes de Oca
(12,5 km) Karte 6

🚶🚶   Von der Herberge bzw. der Kirche Santa María geht man, den Pfeilen folgend, durch die Calle Hipólito López Bernal und Avenida de Santiago geradeaus zum Stadtrand (km 1). Dort nimmt man an einer dreifachen Weggabelung den mittleren Asphaltweg, der geradeaus 400 m zur Nationalstraßenbrücke über den Fluß **Tirón** führt.

Der Fluß wird über eine Fußgängerbrücke auf der linken Straßenseite überquert. Nach 500 m links neben der N-120 folgt man kurz nach einer Tankstelle Pisten und Feldwegen immer geradeaus auf der linken Seite der Nationalstraße 3 km bis in das Dorf **Tosantos** ♀ (km 5).

Es wird durchquert, und 200 m nach Ortsende geht man links auf eine Piste 2 km bis in das halbverlassene Dorf **Villambistia** (km 7). An der Kirche geht es geradeaus auf eine Piste.

Nach fast 1,5 km auf Feldwegen kommt man auf die N-120 und geht sogleich halbrechts in das Dorf **Espinosa del Camino** ♀ (km 8,5), das auf der Dorfstraße durchquert wird. Am Ortsende geht es geradeaus auf eine Piste, die nach 2,5 km wieder zur N-120 führt, auf der man dann den letzten Kilometer zurücklegt bis **Villafranca Montes de Oca** 🏠 🛏 ✕ 🍺 🐴.

🅧   **Zeltlager (*base de acampada*)**: 20 Zelte mit Matratzen für 120 Personen; komplett ausgestattet, einschließlich heißer Duschen und Waschplatz für die Wäsche; Aufenthaltszelt mit reichhaltigem Infomaterial über den Jakobsweg; Küchenzelt mit Campinggas; Notapotheke (📷 Seite 101).
♦   Auf der rechten Seite des Ortes vor der Kirche; 🛏 1.7. - 31.8., ganztägig; gratis.

☺   Decken Sie sich gut zu! Villafranca liegt 948 m hoch, und nachts wird es auch im Hochsommer kalt.

🏠   Für den Rest des Jahres gibt es eine einfache Pilgerherberge gegenüber der Kirche, mit 20 Liegen und Heizung im Winter. Den Schlüssel bekommt man in der Calle Mayor 39.
♦   Calle Mayor 17; ☎ 947582088 September - Juni 🛏 ständig; Ptas. 300.

Villafranca Montes de Oca - San Juan de Ortega

(12,5 km) Karte 6

🚶🚶 Rechts von der Kirche geht es bergauf, zuerst 250 m auf einem schmalen Weg (Radfahrer schieben), der dann breiter wird und schließlich in Pisten übergeht. Nach 5 km überquert man die **Paßhöhe Puerto de la Pedraja** (1.150 m), und nach weiteren 7,5 km kommt man nach **San Juan de Ortega** 🏠 ✕.

✝ **Kirche San Juan de Ortega**: Der Heilige Juan de Ortega widmete sein Leben der Fürsorge der Pilger. Hier errichtete er im 12. Jh. ein Kloster, das im 15. Jh. im gotischen Stil erneuert wurde. Sehenswert sind in der Krypta das Grabmal des Heiligen aus dem 12. Jh. sowie die Apsis und die romanischen Kapitelle der Kirche.

☺ Zweimal im Jahr, zur Tagundnachtgleiche am 21. März und am 22. September, wiederholt sich das "Wunder des Lichts", das vielmehr eine architektonische Meisterleistung des Mittelalters ist: Um 17:00 beleuchtet ein Lichtstrahl die Verkündigungsszene auf dem Kapitell links neben der Apsis; danach wandert der Lichtstrahl über die Geburt Christi zum Besuch der Heiligen Drei Könige, um nach zehn Minuten wieder für ein halbes Jahr zu verschwinden.

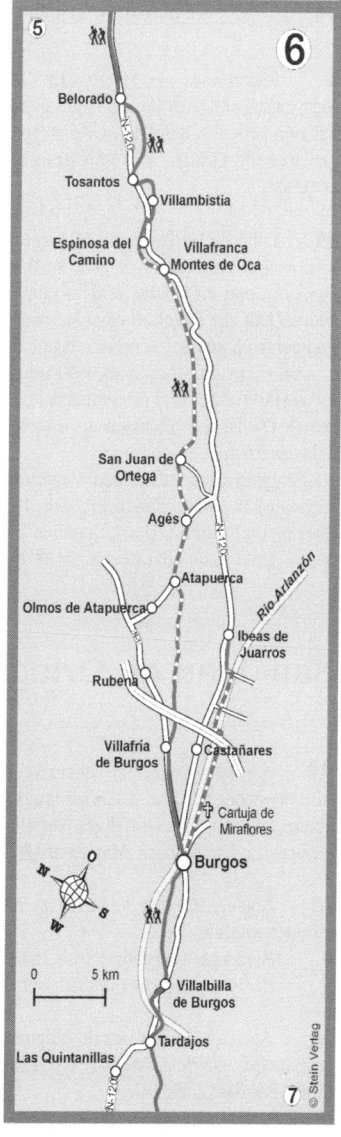

✝   **Pilgermesse** um 19:00. Der Ort San Juan de Ortega ist sehr klein; die Messe wird praktisch für die Pilger gehalten. Der Pfarrer Don José María Alonso hat sein Leben in den Dienst der Pilger gestellt, ganz in der Tradition des Heiligen Juan de Ortega. Mit dem Besuch der Messe können Sie ihm Ihren Dank erweisen.

🏠   Einfache Herberge mit 60 Liegen und 25 Matratzen; Duschen im Sommer kalt, weil es zu viele Pilger gibt, im Winter aber warm. Dafür gibt es aber keine Heizung, und im Winter wird es empfindlich kalt. Der Pfarrer Don José María Alonso lädt alle Pilger zu einer warmen Vorspeise ein, wonach die Pilger ihr mitgebrachtes Essen auf den Tisch legen und teilen.

Am nächsten Morgen ab 6:00 werden die Pilger mit einem heißen Milchkaffee gestärkt. Alter und gesundheitliche Probleme können dem Pfarrer verhindern, seinen Dienst am Nächsten zu leisten, aber dann helfen möglicherweise seine Schwestern aus.

Nirgendwo sonst werden Pilgertum und christliche Nächstenliebe auf so authentische Weise praktiziert. Die Herberge besteht dank des Einsatzes des Pfarrers und wird nur durch Spenden finanziert.

♦   Links neben der Kirche, ☎ 947560438; 🛏 ständig.

San Juan de Ortega - Atapuerca
(6,5 km) Karte 6

🚶   Am langgestreckten ehemaligen Klosterbau vorbei kommt man nach 300 m wieder auf zuerst schöne Wald- und dann Feldwege, die über die Hochebene 3,5 km in das Dorf **Agés** (km 4) führen. Von dort geht es 2,5 km auf einer kleinen Landstraße nach **Atapuerca** 🏠 ⚲ (km 6,5).

🏠   Anfang 2001 ist die Herberge mit 20 Liegen, Küche und Aufenthaltsraum eröffnet worden.

♦   Herberge "La Hutte" (franz. Betreuer), Calle del Medio 38 (50 m unterhalb der Kirche), ☎ 947430320 + ☎ 686843049 (privat); 🛏 ständig; Ptas. 600.

🏠   Auch im Dorf **Olmos de Atapuerca** ⚲ gibt es eine Herberge mit 20 Liegen und Küche. Allerdings liegt der Ort nicht direkt am Jakobsweg, sondern 2 km entfernt über die Landstraße.

♦   Calle La Iglesia 9, ☎ 947430332; 🛏 ständig; Ptas. 500.

Ausflug zu den Höhlen
von Atapuerca   Karte 6

▶   Atapuerca ist heute weltberühmt als die **Heimat der ersten Europäer**, denn
in Höhlen in der Hügellandschaft 4 km südlich des Dorfes wurden 800.000 Jahre
alte menschliche Reste gefunden. Die Fundstätten können besichtigt werden, aber
von Atapuerca selbst gibt es derzeit keinen deutlich gekennzeichneten Weg, weil
sich zwischen dem Ort und den Höhlen ein militärisches Sperrgebiet erstreckt,
das nur umständlich umgangen werden kann. Eine andere Art der Annäherung ist
möglich, wenn man von San Juan de Ortega 4 km zur Nationalstraße Richtung
Burgos und auf dieser 5 km nach **Ibeas de los Juarros** ⇌ ✕ ♨ ⚲ geht, von wo
aus die Gruppe des "Aula Arqueológica" Ausflüge zu den Höhlen organisiert.

Auch der Ort Atapuerca stellt sich allmählich auf seine unerwartete Berühmt-
heit ein: 300 m vom Ort entfernt wird 2001 der Archäologische Park eröffnet,
der auf interaktive Weise das Leben unserer prähistorischen Vorfahren anschau-
lich machen soll. Informationen gibt es in der Pilgerherberge und in der Bar.
Schließlich ist ein Museum geplant, dessen Standort aber noch unklar ist.

◆   ⌨ Juli + August 10:00 - 14:00 + 16:00 - 20:00, Rest des Jahres 10:00 -
17:00; Mo, Di und jedes letzte Wochenende im Monat geschlossen. Der

"Maurenbrunnen" bei Villamayor de Monjardin (Seite 79) -mk

Saal "Aula Arqueológica", ☎ 947421462, in Ibeas de los Juarros bietet Führungen an: Juli und August 10:00 - 13:00 + 16:00 - 19:00 jeweils zur vollen Stunde ab Ibeas, Rest des Jahres nur am Wochenende 11:30 + 13:00. Allerdings fahren die Besucher mit Privatwagen und Pilger müßten fragen, ob sie mitfahren dürfen. Die Fundstätten sind auch zu Fuß erreichbar, aber die vorherige Anmeldung in Ibeas ist obligatorisch; Eintritt und Führung Ptas. 400. Vielleicht fährt demnächst auch ein Bus,

Nebenstrecken Ibeas de los Juarros - Burgos
(15 km / 24 km) Karte 6

🏃🏃 Von Ibeas de los Juarros kann man auf Wanderwegen neben der N-120 nach Burgos gehen. Nach 12 km kommt man zum großen Platz Glorieta Logroño, wo die Nationalstraßen N-120 und N-I zusammenkommen und mit ihnen die beiden Alternativen des Jakobsweges. Von dort sind es auf markierten Straßen noch 3 km bis zur Kathedrale.

☺ Um der viel befahrenen Nationalstraße und den Industriegebieten aus dem Weg zu gehen, gibt es jedoch eine sehr originale Art der Annäherung an Burgos, wobei gleichzeitig das äußerst sehenswerte Karthäuserkloster (*Cartuja*) besichtigt werden kann. Von Ibeas bis zur Kathedrale von Burgos sind es 24 km und damit 9 km Umweg, die aber für mögliche Interessenten durch die 8 km kompensiert werden, die der Ausflug von der Kathedrale zur *Cartuja* ohnehin bedeuten würde.

✋ Der von mir vorgeschlagene Weg führt ständig am Fluß Arlanzón in absoluter Einsamkeit durch Wälder und Parkanlagen bis ins Zentrum von Burgos. Allerdings müssen sich Alleinreisende darüber klar sein, daß einsame Waldwege beklemmende Gefühle auslösen können.

🏃🏃 Von Ibeas geht man links von der Nationalstraße auf einer Nebenstraße, die bald in eine Piste übergeht, 1,8 km bis zur Landstraße, der man links Richtung San Millán de Juarros folgt. Nach 1 km geht man genau vor der Brücke über den Fluß **Arlanzón** rechts auf eine Piste und von dieser nach 300 m links auf einen Waldweg. Nun geht es immer am Fluß oder in dessen Nähe entlang; dabei kann man sich zwar gelegentlich mit dem Weg vertun, merkt es aber sofort, so daß keine Gefahr besteht, sich zu verlaufen. Nach 6,5 km wird eine Landstraßenbrücke unterquert, und nach weiteren 3,7 km kommt man zu einer schmalen Holzbrücke, über die man ans andere Flußufer geht.

Sofort geht man wieder rechts und, auf wechselnden Wegen immer in Ufernähe, unterquert man nach 800 m eine Autobahnbrücke und nach 2,3 km eine Schnellstraße. Bald beginnen die gepflegten Parkanlagen und nach 2,5 km erreicht man den Badestrand (!!!) von Burgos. Hier geht man links direkt 1 km hoch zum Karthäuserkloster von Miraflores. (Weitere Einzelheiten siehe beim Kapitel, das den Ausflug ab Burgos beschreibt.) Der weitere Weg ins Stadtzentrum führt entweder zurück zum Badestrand und weitere 3,5 km am Fluß entlang oder auf der Straße, die den Weg durch den Park ein bißchen abkürzt.

Atapuerca - Burgos-Kathedrale (19,5 km) - Burgos-🏠⛪

(21 km) Karte 6

🚶🚶   An der Bar vorbei verläßt man nach 50 m die Asphaltstraße und geht nach links auf einen Feldweg. Bald geht es 1,5 km bergauf; oben läuft man genau geradeaus am Zaun entlang. Bald hat man einen schönen Blick auf Burgos.

Danach läuft man 2 km bergab in das Dorf **Villalval** (km 5). Von dort geht es 1,5 km auf einer kleinen Landstraße nach **Cardeñuela de Ríopico** ⛲ (km 6). Kurz hinter dem Ortsausgang gabelt sich die Straße; man wandert auf der rechten Straße weitere 2 km bis **Orbaneja de Ríopico** ⛲ (km 8).

Auf der Landstraße geht es 1 km weiter über eine Autobahnbrücke. Nach weiteren 2 km überquert man eine Bahnlinie und kommt nach 500 m in den Ort **Villafría** 🛏️ ✕ (km 11,5) und auf die N-I. Auf der rechten Seite dieser großen Nationalstraße geht es 5 km immer geradeaus nach **Burgos** bis zur Glorieta Logroño (km 16,5).

☺   Hier im Stadtteil Gamonal soll gegenüber der Kirche Dela Antigua in Zukunft eine Pilgerherberge errichtet werden, weil die bisherige den Ansprüchen eine Großstadt nicht genügt. Da es sich aber um ein sehr ehrgeiziges Projekt mit gleichzeitigem Jugendzentrum handelt, wird es wohl noch einige Jahre dauern.

🚶🚶   Am Platz Glorieta Logroño biegt man vor einer Campsa-Tankstelle halbrechts in die Calle San Roque ab. Nach 400 m geht man links in die Calle Obdulio Fernández, nach 600 m rechts in die Avenida General Vigón und nach 100 m wieder links in die Calle de las Calzadas.

Nach 700 m kommt man über die schöne Plaza de San Juan, überquert eine Brücke und läuft in die Altstadt. 1 km geht es geradeaus durch die Calle San Juan, Calle Avellanos und Calle Fernán González, bis man oberhalb der Kathedrale ankommt.

Burgos

⇧ 856 m; 163.000 Ew. 🏨 🛏 ✕ 🍽 🚌 ✓ ⊞

ℹ️   Plaza de Alonso Martínez 7, ☎ 947201846 und 947203125.

Burgos wurde im 9. Jh. gegründet, im 11. Jh. die erste Hauptstadt des neu entstandenen Königreichs Kastilien und blieb dessen wichtigste Residenz bis Ende des 15. Jh. Bis ins 16. Jh. war Burgos das Zentrum des kastilischen Wollhandels; seitdem ging die Bedeutung der Stadt jedoch langsam zurück. Heute präsentiert sie sich als eine gepflegte, monumentale Stadt.

☺   Burgos ist die Stadt mit den meisten erstklassigen Sehenswürdigkeiten auf dem Jakobsweg. Planen Sie einen ganzen Tag für die Besichtigung ein!

Eng mit der Stadt Burgos verbunden ist der kastilische Nationalheld El Cid. Er hieß mit bürgerlichem Namen Rodrigo Díaz, wurde im Jahr 1026 in Vivar, 9 km von Burgos, geboren, starb 1099 und ist in Burgos begraben. Er war ein Feldherr des kastilischen Königs Sancho II. Nach dessen Tod fiel er beim neuen König Alfonso VI. in Ungnade und trat zeitweilig in den Dienst des maurischen Königs von Zaragoza. Im Jahr 1094 eroberte er jedoch für den kastilischen König die Stadt Valencia, die nach seinem Tod wieder in die Hände der Mauren fiel. El Cid ist der Prototyp des kastilischen Ehrenmannes und als solcher unsterblich in die spanische und auch internationale Literatur (Corneille) eingegangen.

✝   **Kathedrale**: Vom 13. bis 15. Jh. waren hier die bedeutendsten Baumeister und Bildhauer tätig, u.a. der Kölner Juan de Colonia. Das Äußere ist beein-

Die Grafschaft **Kastilien** entstand im 10. Jh. in den Bergen nördlich von Burgos. Anfang des 11. Jh. noch unter navarrischem Einfluß stehend, wurde Kastilien im Jahr 1035 als Königreich unabhängig. Zweifellos war die Pilgerschaft nach Santiago auch für Kastilien von Bedeutung, jedoch in geringerem Maße als für Navarra, denn das Land orientierte sich bald nach Süden und wurde zur führenden spanischen Macht in der *Reconquista*.

Im Jahr 1230 vereinten sich die Königreiche von Kastilien und León, und gemeinsam wurde die *Reconquista* Mitte des 13. Jh. praktisch abgeschlossen; nur das Königreich Granada in Andalusien blieb noch bis 1492 maurisch.

Im 15. Jh. vermählten sich Königin Isabel von Kastilien und König Ferdinand von Aragón und vereinten damit ihre beiden Königreiche. Mit der Eroberung Navarras im Jahr 1512 wurde die bis heute bestehende spanische Einheit hergestellt, die immer von Kastilien dominiert war.

druckend, das Kircheninnere dagegen auf den ersten Blick enttäuschend, weil es
sehr verbaut wirkt. Man muß die Kunstwerke einzeln würdigen: den Chorumgang
und die zahlreichen Kapellen mit wunderschönen Grabmälern in den Seitenschif-
fen und im Kreuzgang, allen voran die Kapelle des *Condestable* (deutsch: Kron-
feldherr) (📷 Seite 105).

◆   Täglich 🕐 9:30 - 13:00 + 16:00 - 19:00; der Eintritt in die Kirche ist frei. In der
        Sakristei kann man für Ptas. 400 die Eintrittskarte kaufen, die zum Besuch
        des Hauptschiffs, der Kapelle des Condestable, des Kreuzgangs und des
        Museums berechtigt.

☺   Nehmen Sie sich Zeit zur Besichtigung der Kathedrale! Ihr Gepäck können Sie an der Museumskasse lassen.

⛪   Die **Kirche San Nicolás** befindet sich oberhalb des Hauptportals der
Kathedrale. Im Innern ist ein grandioser Altaraufsatz aus Kalkstein aus dem Jahr
1505 zu sehen, den Simon de Colonia, Sohn des Kölners Juan de Colonia, schuf.

◆   Mo ganztägig 🕐; Juli bis September: Di - Sa 9:00 - 14:00 + 16:30 - 20:00,
        So 9:00 - 14:00 + 17:00 - 18:00; Oktober - Juni: Di - Fr 18:30 - 19:30, Sa
        9:30 - 14:00 + 17:00 - 19:00, So 9:00 - 14:00 + 17:00 - 18:00; Ptas. 300.

Zeltlager (base de acampada) in Villafranca Montes de Oca (Seite 94) -mk

🚶🚶   Der Weg von der Kathedrale zur Pilgerherberge ist markiert und beginnt
auf der Calle Fernán González vor dem Eingang in die Kirche San Nicolás. Nach
500 m geradeaus führt diese Straße durch das Stadttor San Martín in die Calle
Emperador; nach weiteren 100 m geht es nach links und nach 500 m (auf Markierungen achten!) überquert man den Fluß Arlanzón. Am seinem anderen Ufer
geht man zunächst nach rechts und dann gleich halblinks in den Park El Parral, in
dessen Zentrum sich die Pilgerherberge befindet.

🏠   Einfache, schön gelegene Herberge mit 96 Liegen; im Park gibt es Grills.

♦   Parque El Parral (außerhalb des Stadtplans); 🕐 Juni bis Oktober ganztägig,
November bis Mai nachmittags; wenn im Winter geschlossen ist, kann man
den Parkwächter (*guarda*) fragen, der im Haus nebenan wohnt; Ptas. 300.

✝   **Kloster Las Huelgas** (außerhalb des Stadtplans): Das Kloster befindet sich
in der Nähe der Pilgerherberge, 100 m vom südöstlichen Ausgang des Parks El
Parral entfernt. Das einst mächtige Kloster weist eine verwirrende Stilvielfalt, in
der der Zisterzienserstil des 12. und 13. Jh. dominiert, auf. Im Klosterbereich
sollte man das Museum mittelalterlicher Stoffe besichtigen.

♦   April bis September Di - Sa 🕐 10:30 - 13:15 + 15:30 - 17:45, So 10:30 -
14:15, Mo geschlossen, Oktober - März: Di - Sa 11:00 - 13:00 + 16:00 -
17:15, So 10:30 - 14:15, Mo geschlossen sowie an einigen Feiertagen, Eintritt Ptas. 700, Mi gratis für EU-Mitglieder mit Ausweis.

Zum Karthäuserkloster von Miraflores
(8 km) Karte 6

☺   Dieser Ausflug ist ein Muß für jeden Besucher von Burgos. Das Kloster
liegt in einem Waldgebiet südöstlich von Burgos. Sie können von der Pilgerherberge immer am Fluß entlang durch das Stadtzentrum gehen, was aber 3 km
Umweg bedeutet (je 1,5 km hin und zurück). Darum es ist zu empfehlen, direkt
von der Kathedrale zum Kloster zu wandern.

🚶🚶   Von der Kathedrale geht man durch das Santa-María-Tor (14. Jh.) und
dann links auf der schönen Allee Paseo de Espolón 500 m am Fluß entlang bis
zur gigantischen Reiterstatue des Volkshelden El Cid. Hier überquert man den
Fluß **Arlanzón**, geht auf der anderen Seite links und läuft dann 2 km am Ufer entlang durch schöne Parkanlagen. Wenn sich die parallel verlaufende Landstraße
vom Fluß entfernt, wandert man auf ihr einen weiteren Kilometer bis zum Ab-

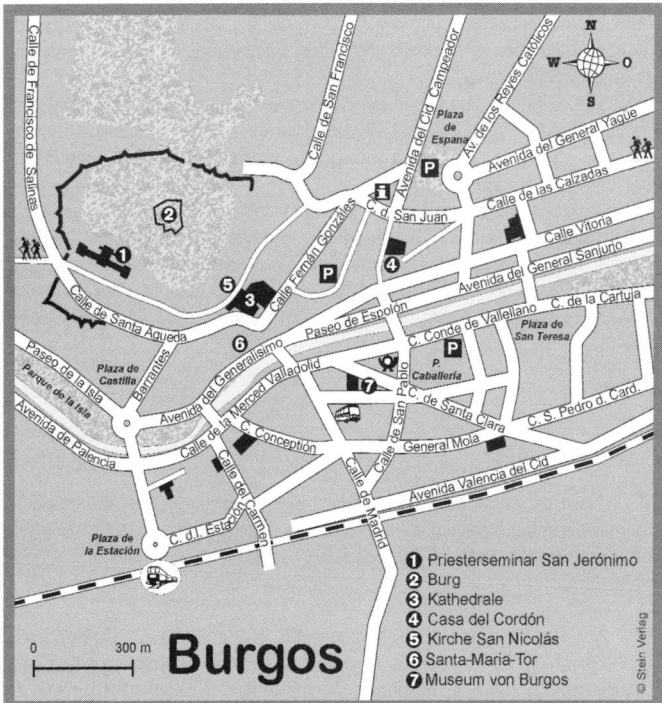

Burgos

1 Priesterseminar San Jerónimo
2 Burg
3 Kathedrale
4 Casa del Cordón
5 Kirche San Nicolás
6 Santa-Maria-Tor
7 Museum von Burgos

0   300 m

© Stein Verlag

zweig, der nach rechts zur *Cartuja de Miraflores* führt. Statt auf der Autostraße können Sie auf einem asphaltierten Fußweg rechts davon gehen. Sie erreichen das Kloster nach 500 m.

✝   **Karthäuserkloster von Miraflores (***Cartuja de Miraflores***)**: Eines der sehenswertesten Klöster Spaniens! Elegante, einschiffige Kirche aus dem 15. Jh. im spätgotischen Stil mit großartigem Altaraufsatz und Grabmal für König Juan II. und seine Gemahlin Isabel sowie ihren früh verstorbenen Sohn Alfonso.

◆   Mo - Sa 🕐 10:15 - 15:00 + 16:00 - 18:00, So 11:20 - 12:30, 13:05 - 15:00 + 16:00 - 18:00; Eintritt frei.

▶   Das **Karthäuserkloster von Miraflores** ist eines der vier noch aktiven Klöster dieses Ordens in Spanien. Die Mönche führen ein sehr zurückgezogenes

Leben, das nur dem Gebet und der Aufrechterhaltung des Klosterbetriebs gewidmet ist (Gartenarbeit, Schneidern und andere Handwerke). Ihr Leben ist von Einsamkeit und Stille geprägt.

Sie dürfen nur an Sonn- und Feiertagen zwei Stunden lang reden sowie am Montag vier Stunden lang, wenn sie außerhalb des Klosters gemeinsam spazierengehen. Ansonsten dürfen sie nur sprechen, wenn es für ihre Arbeit unerläßlich ist.

Am ungewöhnlichsten aber mutet ihr Stundenplan an: Gegen 20:00 gehen sie zu Bett und stehen um 23:30 auf, um religiöse Dienste zu versehen, und erst gegen 3:00 gehen sie wieder zu Bett. Um 6:45 stehen die Mönche wieder auf, um den Tag mit einer Messe zu beginnen, und so wird der Tag zwischen Arbeit und Gebet fortgesetzt. Außer sonntags werden die Mahlzeiten alleine eingenommen.

Burgos-🏠 - Tardajos   (9 km) Karte 6

🦃   Nordspanien ist ein Vogelparadies: Eine Überraschung ist insbesondere das enorm häufige Auftreten von Störchen, aber auch andere in Deutschland seltene Vögel werden Sie mit Sicherheit sehen, so z. B. Bienenfresser und Wiedehopfe.

🏃   Von der Pilgerherberge geht man weiter 400 m durch den Park und verläßt ihn durch ein Tor. Danach läuft man rechts, sollte aber vorher kurz nach links schauen, wo das alte Pilgerhospital steht, das komplett restauriert ist und heute als Juristische Fakultät dient.

Nun geht man wie beschrieben rechts zur Hauptstraße, dann links und läßt Burgos hinter sich. Nach 800 m auf der Hauptstraße verläßt man diese halbrechts und geht auf einer kleinen Asphaltstraße weiter, die nach 800 m in eine Piste übergeht. Nach 2 km kommt man einen Bach: Der Jakobsweg führt rechts hinüber, aber wer zur nächsten Pilgerherberge gehen möchte, bleibt auf dieser Seite, geht 1 km geradeaus bis zum Bahnhof und dann links ins Dorf **Villalbilla** 🏠 ♀ (km 5).

🏠   250 m Richtung Ortszentrum, bei der Sporthalle (*polideportivo*). Notunterkunft mit 6 Betten; die Dusche ist kalt.

♦   Calle Sagrado Corazón 4; den Schlüssel gibt es normalerweise in der Bar "Centro Cultural" neben der Sporthalle; wenn geschlossen ist, kann man den Schlüssel in der Calle Real Nr. 16 suchen. 🛏 ständig; gratis.

🚶‍♀️🚶   Von der Herberge weg geht man wieder zum Bahnhof und über die Gleise, dann halblinks und 2 km auf einer Piste, bis die N-120 überquert wird, wo sich der Umweg über Villalbilla wieder mit dem Hauptweg vereint, der unten beschrieben wird.

🚶‍♀️🚶   Wer an dem oben genannten Bach nicht geradeaus nach Villalbilla geht, sondern weiter auf dem Jakobsweg, überquert den Bach und geht dann sofort wieder links auf einen Feldweg. Nach 1 km wird eine kleine Landstraße überquert und nach weiteren 2 km die N-120.

Gegenüber geht man rechts 100 m auf einem Weg, der extra für Pilger angelegt worden ist. Nach 200 m wird der Fluß Arlanzón überquert und danach geht es weitere 1,5 km auf dem Pilgerweg links neben der Straße bis man **Tardajos** 🏠 🛏 ✕ 🎌 🛐 erreicht.

Am ersten Platz geht man links in die Calle del Mediodía. Nach 100 m führt der Jakobsweg nach rechts, die Herberge befindet sich dagegen 50 m weiter geradeaus auf der linken Straßenseite.

🏠   Einfache Herberge mit 12 Liegen.

♦   Calle del Mediodía; 🗝 ständig; Spenden.

Kathedrale von Burgos (Seite 101) -mk

Tardajos - Hornillos del Camino

(10,5 km) Karte 7

🚶🚶   Der Jakobsweg führt auf der Calle Real durch Tardajos und überquert die Plaza Mayor, wo sich der einzige Lebensmittelladen zwischen Burgos und Castro-jeriz befindet. Genau gegenüber der Calle Real geht man weiter und verläßt den Ort. Auf einer kleinen Landstraße kommt man nach 1,5 km nach **Rabé de las Calzadas**. Den gelben Pfeilen folgend, wird der Ort durchquert. Nach 2 km geht es an einer Pistengabelung halbrechts, und nach 500 m - rechter Hand ist ein schöner Brunnen zu sehen - wieder halbrechts. Nach 5 km kommt man nach **Hornillos del Camino** 🏠 ♀ (von März bis Oktober gibt es Essen) einem typischen Ort des Jakobsweges mit einer einzigen langen Straße, der *sirga peregrinal*.

🏠   Sehr schöne Herberge mit 32 Betten, Küche und Aufenthaltsraum.
♦   Gegenüber der Kirche; 🛏 ständig; Ptas. 500.

Hornillos del Camino - San Bol (6 km) Karte 7

🚶🚶   Man durchquert den Ort, geht am Ortsende halbrechts auf eine Piste und nach 1 km halblinks auf einen Feldweg. Nun geht es immer geradeaus, bis man nach 5 km an eine Wegkreuzung kommt. Der Jakobsweg führt zwar geradeaus weiter, aber nur 250 m links befindet sich die originelle Herberge, die in den letzten Jahren bei der schönen Quelle von **San Bol** entstanden ist.

🏠   12 Liegen und Küche; warme Duschen und Stromanschluss sind für 2001 vorgesehen (die Subvention ist bewilligt). Die gemütliche Herberge wird von Udo aus Westfalen geführt, der auch das Abendessen zubereitet. Hier kann man ideal die Ruhe und Einsamkeit der nordkastilischen Hochebene genießen.
♦   🛏 Ende April bis Anfang Oktober ganztägig; Ptas. 500.

San Bol - Hontanas (4,5 km) Karte 7

🚶🚶   Auf dem oben beschriebenen Weg geht es weiter geradeaus, bis man nach 4,5 km das Dorf **Hontanas** 🏠 ✗ erreicht.

🏠   Sehr schöne Herberge mit 20 Liegen und Aufenthaltsraum; restauriertes Haus aus dem 14. Jh.; in einem Nebengebäude weitere 30 Liegen. Es gibt eine

Küche, aber ein einfaches Menü wird von den Betreuern zu einem günstigen Preis zubereitet. Das Frühstück kostet Ptas. 200; wenn man sehr früh aufbrechen möchte, kann man Bescheid sagen und findet dann den gedeckten Frühstückstisch vor.

♦ Calle Real 26, ☎ 947377035 (öffentliches Dorftelefon);
🛏 ständig; Ptas. 500.

Hontanas - Castrojeriz

(10 km) Karte 7

🚶 Man verläßt Hontanas auf der Dorfstraße; nach 400 überquert man eine Landstraße und geht gegenüber halblinks auf eine Piste. Nach 400 m biegt man links auf einen Feldweg ab und geht 3,5 km bis zur Einmündung in die Landstraße. Auf dieser gelangt man nach 1,5 km zu den eindrucksvollen Ruinen des Klosters San Antón.

✞ **Kloster San Antón**: Nur Außenbesichtigung. Das Kloster geht auf das 12. Jh. zurück, wenn auch die heutigen Reste aus dem 14. Jh. stammen. Es gehörte zum Orden von San Antón, der es sich hier zur Aufgabe gemacht hatte, die Pilger zu heilen, die an Lepra litten. Die Straße führt unter einem Bogen hindurch direkt durch die einstige Nordvorhalle, wo man rechts zwei Einbuchtungen erkennt, durch die die Pilger Essen bekamen (📷 Seite 109).

🚶🚶   Weiter geht es 2,3 km auf der Straße. Die Landschaft verändert sich lang-sam und wird zusehends wüstenhafter. Vor sich sieht man den Ort **Castrojeriz** am Berg liegen. Am Ortsanfang geht man halbrechts und kommt nach 300 m an der Kirche Santa María del Manzano vorbei, durchquert dann den gelben Pfeilen fol-gend das alte und halbverlassene Stadtzentrum und erreicht schließlich nach 1,5 km das modernere Zentrum von **Castrojeriz** 🏠 🛏 ✕ 🏭 🍴, wo sich die Pilgerherberge befindet (📷 Seite 113).

🏠   Einfache Herberge mit 32 Liegen, Speisesaal und Garten. Eine halbe Stunde vor Sonnenaufgang wird geweckt und dann zum Frühstück eingeladen.
♦   Calle Cordón 7; 🕐 ganzjährig, nachmittags; Spenden.

Castrojeriz - San Nicolás (9,5 km) - Itero de la Vega   (11,5 km) Karte 7

🚶🚶   Man verläßt Castrojeriz vorbei an der Kirche San Juan. Achten Sie gut auf die Pfeile! Eine Landstraße wird überquert und gegenüber geht es auf eine Piste. Bald kommt eine 1,3 km lange anstrengende Steigung; oben belohnt ein schöner Rastplatz für die Mühe.
     Es folgt der ebenso steile Abstieg, und nach 2 km geht man an einer Wegga-belung halblinks. Nach weiteren 2,4 km gibt es einen schattigen Rastplatz mit der Quelle *Fuente El Piojo*; dort mündet der Weg in eine Landstraße ein. Man geht rechts und nach 800 m links auf einen Feldweg, der nach 700 m kurz vor der Brücke über den Fluß Pisuerga die kleine Kirche **San Nicolás** erreicht, in der sich eine kleine Pilgerherberge befindet, die nur im Sommer geöffnet ist. Während des restlichen Jahres und bei Überfüllung dieser Herberge gibt es Ausweichquartiere in den nahegelegenen Dörfern **Itero del Castillo** 🏭 🍷 (1 km weiter) und **Itero de la Vega** 🏭 🍷 (2 km weiter).

🏠   In der Kirche **San Nicolás** befindet sich die wohl außergewöhnlichste Pil-gerherberge des gesamten Jakobsweges. Es handelt sich um ein Gebäude aus dem 13. Jh., das früher zu einem Pilgerhospital des Malteser-Ordens gehörte. Die Kirche wurde vor wenigen Jahren von der Jakobusbruderschaft von Perugia (Italien) restauriert. Seit 1994 ist das Gebäude eine Pilgerherberge, die von frei-willigen Helfern aus Italien geführt wird. Es gibt 13 Liegen und eine improvisierte Küche, die aber nicht von den Pilgern direkt benutzt wird, sondern in der die Frei-willigen Abendessen und Frühstück für die Pilger zubereiten. Nach altem Pil-gerbrauch wird den Pilgern vor dem Abendessen ein Fuß gewaschen. Nirgendwo

Ruinen des Klosters San Anton in der Provinz Burgos (Seite 107) -jfw

sonst auf dem Jakobsweg wird so konsequent die mittelalterliche Tradition der Fürsorge für die Pilger praktiziert.

♦   ⌧ Mitte Juni bis Mitte September, mittags geschlossen; Spenden.

🏠   Im nahegelegenen Ort **Itero del Castillo** gibt es auch eine Pilgerunterkunft. Dazu zweigt man 700 m vor der Kirche San Nicolás nicht auf den Feldweg ab, sondern geht geradeaus auf der Landstraße 1 km bis zu diesem Ort. Die Kirche läßt man rechter Hand liegen und geht Richtung Burgruine bis zum Hauptplatz (*Plaza Mayor*) (km 10).

Im Rathaus (*ayuntamiento*) befindet sich eine Wohnung, die als einfache Herberge mit 6 Liegen und 6 Matratzen hergerichtet ist. Zur Dame, die den Schlüssel hat, geht man durch den Torbogen links neben dem Rathaus in die Querstraße rechts zum ersten Haus gegenüber.

♦   Im Rathaus an der Plaza Mayor; ⌧ ständig; Spenden.

🚶🚶   Von Itero del Castillo geht man zurück zur Landstraße und nach 1 km rechts zur mittelalterlichen Brücke über den Fluß **Pisuerga**. Linker Hand liegt die eben beschriebene Kirche San Nicolás, von der die Pilger kommen, die nicht in Itero del Castillo übernachtet haben, also fast alle.

Hinter der Brücke beginnt die Provinz Palencia; man geht rechts in eine kleine Landstraße, die 1,5 km nach **Itero de la Vega** 🏠 🏨 🍷 führt. Zur Pilgerherberge geht es auf den kleinen Platz rechts neben der Kirche.

🏠   Geräumige Herberge mit 12 Liegen, 12 Matratzen und Innenhof; die Pilger werden gebeten, sie sauber zu hinterlassen.

♦   Neben der Kirche, ☎ 979151826 (Rathaus); ⌧ ständig; Spenden.

Itero de la Vega - Boadilla del Camino

(8,5 km) Karte 7

🚶🚶   Den Pfeilen folgend, durchquert man Itero de la Vega. Nach 500 m auf einer Straße kommt man auf eine Piste, die nach 8 km **Boadilla del Camino** 🏠 🏨 ✕ 🍷 erreicht.

▶   Die Landschaft ist vollkommen flach und eintönig; es ist die sog. *Tierra de Campos*, eine der charakteristischsten Landschaften des Jakobsweges. Dieses Land eignet sich hervorragend für den Getreideanbau, ist aber heutzutage in einer Zeit der Dauerkrise der Landwirtschaft verarmt. Achten Sie beim Ortseingang von Boadilla auf die seltsamen Gebäude am Weg! Es sind Taubenhäuser, die zumeist verfallen sind, weil sie aus leichtvergänglichen Lehmziegeln erbaut wurden. Diese sind das traditionelle Baumaterial dieser Gegend; da es jedoch schnell verwittert, macht Boadilla del Camino einen entsprechend heruntergekommenen Eindruck.

🏠 Ausgezeichnete neue private Herberge im traditionellen Baustil mit 48 Liegen, Aufenthaltsraum und sehr schönem Garten; es gibt auch günstige Speisen.

♦ Kirche und Pranger gegenüber, ☎ 979810284 und 979730579; ständig 🛏;
Ptas. 500.

✝ **Pranger**: Vor der Kirche (16. Jh.) steht der gotische Pranger aus dem 15. Jh., der reich dekoriert ist und viele Jakobsmuscheln zeigt.

Boadilla del Camino - Frómista (6,5 km) Karte 7

🚶 An der Kirche vorbei verläßt man den Ort und geht am Ortsausgang rechts auf eine Piste. Am Ortsrand entlang geht man 500 m, dann an einer Pistengabelung halblinks und nach nur 100 m wieder links.

Nach 1,2 km ist der Kanal von Kastilien erreicht, an dessen linkem Ufer man 3,5 km bis zu einer Schleuse geht. Dieser Kanal war im 18. Jh. ein Meisterwerk der Baukunst; als Transportweg geplant, dient er heute der Bewässerung weiter Teile der *Tierra de Campos*. Die Schleuse wird auf einer schmalen Brücke überquert und gegenüber geht man auf eine Straße, die ins Zentrum von Frómista führt und nach 1 km die zentrale Kreuzung erreicht. Der Jakobsweg führt geradeaus weiter, zur berühmten Kirche San Martín und zur Pilgerherberge geht man 100 m halbrechts.

Frómista   ⬆ 780 m; 1.000 Ew. 🏠 🛏 ✗ 🛒 🐎 ✓ ✚

ℹ Calle Arquitecto Aníbal 2, an der Kreuzung der zwei Hauptstraßen, ☎ 979810180, 🛏 Juli bis September täglich, sonst nur am Wochenende.

✝ **Kirche San Martín**: Diese Kirche aus der Mitte des 11. Jh. ist eine der ersten romanischen Kirchen Spaniens. Sie besticht durch ihre perfekte Ordnung und stellt damit ein Meisterwerk und Vorbild der frühen Romanik in ganz Europa dar. Der Skulpturenschmuck innerhalb wie außerhalb der Kirche ist bezaubernd. Nehmen Sie sich auch Zeit, langsam um die Kirche herumzugehen!

Kirche San Martin in Fromista -jfw

◆   Juli bis September ⬛ 10:00 - 14:00 + 16:30 - 20:00, Oktober - Juni 10:00 - 14:00 + 15:00 - 18:30; Eintritt frei.

🏠 Ausgezeichnete, im Jahr 2000 eröffnete Herberge mit 55 Liegen, Küche, Aufenthaltsraum und Innenhof. Die Betreuung der Herberge wird jährlich neu vergeben, daher muß man sich für Informationen ans Rathaus wenden.

◆   Plaza San Martín, rechts hinter der Kirche, voraussichtlich ⬛ ab 12:00 im Sommer, sonst ab 14:00. Ein Zettel an der Tür informiert über die Person, die öffnet. Werktags auch Info im Rathaus, ☎ 979810001, Ptas 500.

Frómista - Población de Campos
(3,5 km) Karte 7

🚶🚶 Von der Kreuzung der beiden Hauptstraßen geht es wie oben beschrieben auf der Landstraße P-980 Richtung Carrión de los Condes. 500 m hinter Frómista wird eine Brücke überquert, und dahinter beginnt rechts neben der P-980 ein speziell für Pilger angelegter Rad- und Fußweg. Nach 2 km kommt man zum Ortseingang von **Población de Campos** 🏠 ⛲ 🍴

Wer hier übernachten möchte, verläßt die Landstraße und geht halbrechts in den Ort. Wer auf dem Jakobsweg weitergeht, bleibt auf der P-980.

🏠 Die Herberge befindet sich vor der ersten Kreuzung des Ortes links in der alten Dorfschule. Gute Herberge mit 8 Liegen, Küche, Wohnzimmer, Garten.

◆   Paseo de los Cementerios; Schlüssel bei Doña Pilar Sastre in der Calle de las Escuelas 11 (2. Straße links nach der Herberge); ⬛ ständig; Spenden.

Población de Campos - Villalcázar de Sirga
(❶ 10 km / ❷ 11 km) Karte 8

🚶🚶 Wer hier nicht übernachtet, durchquert den Ort auf der P-980. Wer hier übernachtet hat, geht über die Calle de las Escuelas zurück zur Landstraße. Es gibt **zwei Möglichkeiten** des Weitergehens - beide mit gelben Pfeilen versehen:

❶   **Hauptweg**: Immer geradeaus auf dem angelegten Pilgerweg rechts von der P-980 über **Revenga** (km 3,5) und **Villarmentero**, ♈ (km 5,5), wo beide Wege wieder zusammentreffen.

❷   **Empfehlenswerte Nebenstrecke**: Im Ortszentrum nach der Bar "De Paso" biegt man rechts in die Calle Cantarranas ab, die parallel zur P-980 verläuft; an einer romanischen Kirche vorbei erreicht man nach 200 m das Ortsende; hier geht man rechts und nach 150 m links auf eine Piste, die in einigem Abstand zur P-980 nach 4 km in das Dorf **Villovieco** (km 4,5) führt. Dort geht es links über eine Brücke und sofort wieder rechts auf einen Feldweg.

1,5 km wandert man am linken Ufer des Baches entlang, und schließlich biegt man nach links ab, wo man nach 300 m das Dorf **Villarmentero** ♈ (km 6,5) sowie den oben beschriebenen Hauptweg erreicht.

🚶🚶   Ab Villarmentero muß man dem angelegten Pilgerweg rechts der P-980 folgen. Nach 4,5 km kommt man nach **Villalcázar de Sirga** 🏠 ✕ 🏛 🛏, das verkürzt Villasirga genannt wird. Das zweite Gebäude auf der linken Seite am Ortseingang birgt die Pilgerherberge und das Rathaus.

Castrojeriz in der Provinz Burgos (Seite 118) -jfw

✠   **Kirche Santa María la Blanca**: Beeindruckende Kirche aus dem 13. Jh. im Übergang von der Romanik zur Gotik. Die Kirche ist der Rest eines umfassenden Klosters des Templerordens.

Im Innern ist das Grabmal des Prinzen Felipe und seiner Gattin (13. Jh.) zu sehen. Unvergeßlich ist die reich geschmückte Fassade unter einer riesigen Vorhalle.

♦   Mitte Mai bis Ende September täglich 🕐 10:30 - 14:00 + 17:00 - 20:00, sonst am Wochenende 12:00 - 14:00 + 17:00 - 18:00. Wenn geschlossen ist, können Sie sich beim Pfarrer (*párocco*) melden, nach dem Sie in der Kirche oder im Ort fragen oder ihn anrufen, ☎ 979888076; Eintritt frei.

🏠   Einfache Herberge mit 21 Betten, Küche.
♦   Im Gebäude des Rathauses; 🕐 von Ostern bis September von Freiwilligen betreut, 🕐 nachmittags. Rest des Jahres wahrscheinlich geschlossen, aber nach Carrión de los Condes ist es nicht weit.

Villalcázar de Sirga - Carrión de los Condes

(5,5 km) Karte 8

🚶   Auf dem angelegten Weg wandert man 5 km bis zur kleinen Stadt Carrión de los Condes. Im Norden sieht man am Horizont die Berge des Kantabrischen Küstengebirges *(Picos de Europa)*, die das Flachland der *Tierra de Campos* begrenzen.

Am Ortseingang von Carrión verläßt man die P-980 links und geht nach 100 m wieder halblinks. Nach 100 m kommt man am Kloster Santa Clara vorbei, das Pilgerunterkünfte anbietet.

Die offizielle Pilgerherberge befindet sich nach weiteren 300 m geradeaus im Ortszentrum neben der Kirche Santa María del Camino.

Carrión de los Condes   ⇧ 830 m; 2.500 Ew. 🏠 ⇦ ✗ ▤ 🦮 ✓ ⊞

ℹ️   Im Kloster San Zoilo, ☎ 979880902.

🏠   Sehr gute Herberge mit 56 Liegen und Aufenthaltsraum. Der Pfarrer Don José Mariscal und seine Schwester Doña Margarita kümmern sich persönlich um die Pilger.
♦   Plaza Santa Maria, in der kleinen Straße hinter der Kirche, ☎ 979880072, 🕐 ständig; Spenden.

♨   Authentische Pilgerunterkunft im Kloster Santa Clara (13. Jh.); es gibt Zwei-, Drei- und Vier-Bettzimmer sowie einen größeren Saal mit 15 Liegen, dazu eine Küche und einen schönen Innenhof.

♦   Kloster Santa Clara, ☎ 97988-0134; ⚑ ständig; Ptas. 1000 in allen Zimmern.

✝   **Kirche Santiago**: Außenbesichtigung; schöne Fassade des 12. Jh.

✝   **Kloster San Zoilo**: Renaissancebau mit geschmücktem Kreuzgang.

♦   Täglich ⚑ 10:30 - 14:00 + 16:30 - 20:00; Eintritt Ptas. 200, Pilger gratis. Ab Weihnachten ca. einen Monat geschlossen.

Carrión de los Condes - Calzadilla de la Cueza

(18 km) Karte 8

🚶🚶   Der Weg durch Carrión de los Condes führt durch die Calle Santa María, an der Plaza Marqués de Santillana rechts und über die Plaza Mayor. Hier kann man die oben beschriebene Fassade der Santiago-Kirche bewundern. Den Pfeilen folgend, überquert man den Fluß Carrión und geht auf einer Straße am oben genannten Kloster San Zoilo vorbei aus der Stadt. Nach 1 km läuft

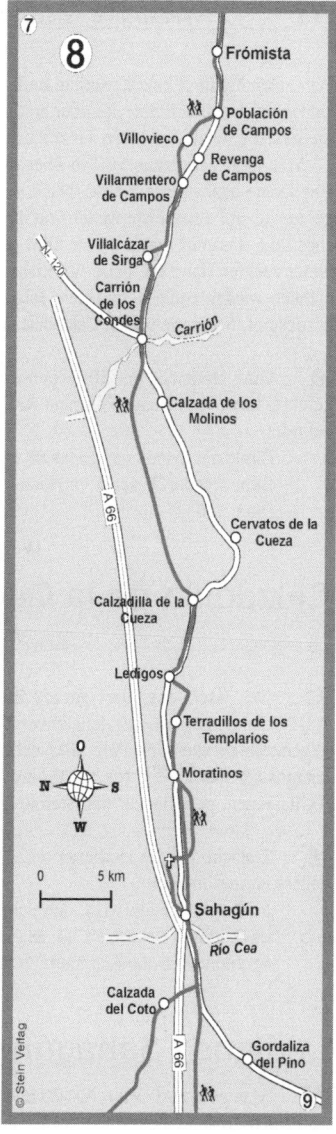

man zunächst über eine Kreuzung und dann an einer Tankstelle vorbei, die auch ein kleines Lokal betreibt, das aber erst ab 8:00 geöffnet ist (✋ Hier letzte Trinkwasserstelle für die nächsten 16 km!).

Man läuft geradeaus 500 m über die nächste Kreuzung und gegenüber auf eine kleine asphaltierte Straße. Nach 4 km geht es dann an einer Wegkreuzung geradeaus auf einer Piste weiter und 12 km schnurstracks über vollkommen flaches und einsames Land. Leider führt seit dem Jahr 2000 während einiger Kilometer rechter Hand die neue Autobahn A-66 entlang, die sich dann jedoch allmählich wieder entfernt und dem Pilger die Einsamkeit der *Tierra de Campos* zurückgibt. So erreicht man **Calzadilla de la Cueza** 🏠 🍴 ✗.

🏠   Gute Herberge mit 50 Liegen und Terrasse. Im Sommer von Freiwilligen geführt, sonst vom Hostal "Camino Real" betreut, das sich 200 m weiter im Ort befindet.

◆   Direkt am Ortseingang links,☎ 979883187 (Hostal "Camino Real"); Juli bis Sept ständig 🔑, sonst im Hostal "Camino Real" um den Schlüssel bitten; Ptas. 500.

Calzadilla de la Cueza - Ledigos
(6,5 km) Karte 8

🚶   Der Jakobsweg führt gerade durch Calzadilla und dann rechts auf die N-120. Eine Informationstafel gibt verschiedene alternative Wege an; die meisten Pilger wählen aber den Weg links neben der Nationalstraße, der nach 5,5 km **Ledigos** 🏠 🍴 🍷 🍴 erreicht. Wer hier nicht übernachten möchte, läßt das Dorf rechts liegen, geht bis zur nächsten Kreuzung und dann links.

🏠   Einfache private Herberge mit 20 Liegen, 20 Matratzen, Küche, Aufenthaltsraum und Innenhof.

◆   Im Zentrum, Haus Nr. 4, den Schlüssel gibt es im gleichen Häuserblock auf der anderen Seite in Nr. 23; ☎ 979883614; ständig 🔑; Ptas. 1.000 für Übernachtung in Doppelzimmern und Ptas. 600 im Gemeinschaftsschlafraum.

Ledigos - Sahagún
(16 km) Karte 8

🚶   Man geht zurück zur N-120 und biegt links Richtung Población de Arroyo ab. Nach 300 m geht man rechts auf eine Piste, und erreicht nach 2 km

Terradillos de Templarios 🛏 ✕ 🏳 (km 3), wo es eine private kommerzielle Pilgerherberge gibt (Ptas. 1.000 in Mehrbettzimmern, ☎ 979883679).

Diesen Ort verläßt man gleich wieder links, und geht 1,3 km auf einer Piste bis zu einer Landstraße, in die man links einbiegt. Nach 400 m geht es wieder rechts auf eine Piste, und nach 1,5 km gelangt man nach **Moratinos** (km 6,3). Man geht an der Kirche vorbei und dann rechts bis zum Hauptplatz. Dort geht man links und gleich wieder halbrechts auf eine Piste. Nach 2,5 km erreicht man **San Nicolás** (km 9), geht am Ortsanfang links und dann geradeaus an der Kirche vorbei durch den Ort und hinaus auf eine Piste.

Nach 200 m gibt es eine Pistenkreuzung und zwei Möglichkeiten weiterzugehen: 1. nach rechts 100 m bis zur N-120, dort links und auf einem Pilgerweg links neben der Straße 4 km bis zum Bach **Valderaduey**; oder 2. geradeaus auf einer Piste die gleiche Distanz, bis man beim Valderaduey auf die N-120 stößt. Letztere Variante ist zwar angenehmer, war im Jahr 2000 allerdings durch eine Baustelle unterbrochen.

Auch an dieser Stelle gibt es wieder zwei Alternativen: 1. geradeaus auf dem Pilgerweg links neben der N-120 bzw. auf der Zubringerstraße nach Sahagún, während die Nationalstraße nach rechts wegführt; oder 2. rechts von der N-120 weg 400 m am Valderaduey entlang bis zu einem schönen schattigen Rastplatz

Pilgerherberge und Kirche San Nicolas de Puentefitero   -jfw

bei der Kapelle Virgen del Puente, und von dort links auf Feldwegen 2 km bis Sahagún. In beiden Fällen kommt man am Ortsanfang zu einem Getreidespeicher, nach dem man halblinks auf eine Betonstraße geht. Nach 400 m geht man links über eine Brücke über die Bahntrasse, danach in die zweite kleine Straße rechts. Nach 50 m befindet sich rechts die Dreifaltigkeitskirche (*Iglesia de la Trinidad*), die sowohl die Pilgerherberge als auch das Touristeninformationsbüro beherbergt.

Sahagún   ⇧ 828 m; 3.400 Ew. 🏠 ⇆ ✕ 🍴 🐎 ✔ ⊞

ℹ   In der Kirche Iglesia de la Trinidad, ☎ 987782117, 🗓 März bis Oktober.

🏠   Hervorragende Herberge mit 64 guten Liegen in 8 Zimmern, Küche, Aufenthaltsräume.
♦   In der Kirche Iglesia de la Trinidad, ☎ 987782117; März - Oktober 🗓 ganztägig, Ptas. 500, im Winter geschlossen. Die Information über die Winterherberge (albergue de invierno) steht dann an der Tür oder man kann Mo - Fr vormittags im Rathaus anrufen, ☎ 987780001.

✝   **Kirche San Lorenzo**: Nur Außenbesichtigung. Romanische Kirche vom Anfang des 13. Jh., aus Backstein und eines der besten Beispiele des spanischen Mudéjar-Stils, d.h. des von den Mauren beeinflußten Bau- und Kunststils.

Sahagún - Abzweig Calzada del Coto
(5 km) Karte 8

🚶🚶   Von der Pilgerherberge geht man über die Hauptstraße in die Calle Antonio Nicolás und immer geradeaus, bis man eine Hauptstraße und dann den Fluß **Cea** überquert (1 km). Auf der anderen Seite kommt man wieder zur N-120 und folgt einem Pilgerweg links neben ihr bis zu einer Brücke bei der Autobahn-Auffahrt. Der Hauptweg geht geradeaus weiter; über die Brücke betritt man **Calzada del Coto** 🏠 🍴 🍺, wo eine interessante Nebenstrecke des Jakobsweges beginnt.

🏠   Einfache Herberge, 24 Liegen. Die Pilger werden gebeten, die Herberge sauber zu hinterlassen.
♦   Am Ortseingang rechts, alleinstehend auf einem großen Platz; 🗓 ständig, Schlüssel im gegenüber liegenden Haus Nr. 4; gratis.

🚶🚶   Hier gibt es zwei Möglichkeiten weiterzugehen, die beide markiert sind:

❶   **Hauptweg:** Er führt vom oben genannten Abzweig halbrechts auf einem eigens für Pilger angelegten Weg mit Rastplätzen und schattenspendenden Platanen über Bercianos del Real Camino (km 6) und El Burgo Ranero (km 14) nach Reliegos (km 27,5). Leider verläuft die Strecke zwischen Calzada del Coto und El Burgo Ranero in der Nähe der Autobahn.

❷   **Empfehlenswerte Nebenstrecke:** Dieser Weg führt von Calzada del Coto über die Trasse einer alten Römerstraße, ist aber gut zu begehen oder mit dem Rad zu befahren. Er bietet den Vorteil größerer Einsamkeit und ist nur unwesentlich länger als der Hauptweg. Der einzige Nachteil ist, daß es auf 18,5 km keine Wasserstelle gibt.

Hauptweg Teil 1: Abzweig Calzada del Coto - Bercianos del Real Camino   (6 km) Karte 9

🚶🚶   Von Sahagún kommend, überquert man die oben genannte Autobahnbrücke nicht, sondern verläßt die N-120 halbrechts auf einem eigens für Pilger angelegten Weg, der nach 5,5 km **Bercianos del Real Camino** 🏠 ♁ erreicht. Der Jakobsweg führt geradeaus weiter; zur Pilgerherberge geht man halblinks und kurz vor Ortsende, den Pfeilen folgend, rechts in die Calle Santa Rita, an deren Ende die Herberge steht.

🏠   Gute, erst kürzlich eingerichtete Herberge im traditionellen Lehmziegel-Baustil. Küche, Waschmaschine, Aufenthaltsraum und 16 Matratzen; im Jahr 2002 soll es mehr Liegen geben.
◆   Calle Santa Rita 11; Ostern bis September von Freiwilligen geführt, sonst Schlüssel bei Doña Tina in der Calle Santa Rita 9, ☎ 987784008; 🕐 ganztägig; Spenden.

Hauptweg Teil 2: Bercianos del Real Camino - El Burgo Ranero   (8 km) Karte 8

🚶🚶   Den Pfeilen folgend kehrt man von der Pilgerherberge auf den Jakobsweg zurück, der inzwischen den Ort auf seiner Hauptstraße durchquert hat, und kommt nach 8 km nach **El Burgo Ranero** 🏠 🛏 ✗ 🛒 🎒. Der Pilgerweg führt gerade durch den Ort, aber wenn man zur Pilgerherberge möchte, geht man genau vor der Kirche rechts und nach 100 m wieder rechts; nach 100 m befindet sich die Herberge auf der linken Seite.

🏠   Ausgezeichnete Herberge mit 26 guten Liegen, Küche und Aufenthaltsraum; im traditionellen Stil der *Tierra de Campos* aus Lehmziegeln erbaut.

◆   Calle Fray Pedro 31; Ostern bis September von Freiwilligen geführt. Wer ab Oktober den Schlüssel hat, ist noch unklar, ggf. im Rathaus anrufen,☎ 987330023, Ptas. 500.

Hauptweg Teil 3: El Burgo Ranero - Reliegos
(13,5 km) Karte 9

🚶   Der Pilgerweg führt 13 km parallel zu einer Piste nach **Reliegos** 🏠 ⛲ 🏞 und durch den Ort; die Pilgerherberge liegt in einer Parallelstraße rechts davon.

🏠   Hervorragende Herberge mit 46 Liegen, Küche, Aufenthaltsraum.
◆   Calle Escuela Segunda 2, ☎ 987317851 (Bar "Gil" am Hauptplatz); 🔑 ständig; von Juni bis September kümmern sich Freiwillige um die Herberge, sonst bekommt man den Schlüssel in der Bar "Gil"; Ptas. 300.

Nebenstrecke Teil 1: Calzada del Coto - Calzadilla de los Hermanillos
(9 km) Karte 9

🚶   An der Herberge vorbei läuft man geradeaus durch den Ort Calzada del Coto. Auf der Piste, die als alte Römerstraße (*calzada romana*) bezeichnet wird, überquert man nach 2 km eine Brücke über eine Bahnlinie; Die alte Piste ist aber im Laufe ihrer Existenz vielfach verlegt worden und auch für Radfahrer völlig unproblematisch. 4,5 km nach der Bahnlinie gibt es rechts einen Rastplatz mit der sog. Pilgerquelle (*Fuente del Peregrino*). Nach weiteren 2 km kommt man nach **Calzadilla de los Hermanillos** ⛲ 🏞 🏠 (km 9).

🏠   Gepflegte Herberge in der alten Dorfschule,16 Liegen, Küche, Aufenthaltsraum, Waschmaschine und Trockner.

◆   Calle Mayor 28; den Schlüssel gibt es im Haus gegenüber bei Doña Anto-
nia oder Doña Manuela; ☎ 987337525; Ptas 300.

Nebenstrecke Teil 2: Calzadilla de los Hermanillos - Reliegos (18,5 km) Karte 8

🚶🚶   Auf diesen 18,5 km gibt es keine Wasserstelle! Der Ort wird geradeaus
durchquert; auf einer kleinen Asphaltstraße wandert man 3,5 km und überquert
dann eine Kreuzung mit einer anderen schmalen Landstraße; gegenüber geht es
auf einer Piste weiter, immer geradeaus auf Feldwegen und Piste. Nach 9 km
kommt man der Bahntrasse sehr nahe; hier ist die Eisenbahnstation des Dorfes
Villamarcos (2 km südlich gelegen.) Der Weg verläuft 500 m neben den Gleisen
und entfernt sich dann allmählich wieder von ihnen. Nach weiteren 2,5 km wird
ein Bach durchwatet (km 24,5).

✋   Ziehen Sie die Schuhe aus, das Wasser reicht bis an die Knie! Sie können
auch gleich ein Bad nehmen; das Wasser ist sauber!

Die Templerburg in Ponferrada (Seite 140) -mk

Nach 2 km kommt man an eine Wegkreuzung: Der markierte Jakobsweg führt nach rechts, wird aber bald urbanisiertes Gebiet und eine Landstraße erreichen; darum ist es empfehlswert, hier die kürzere Alternative zu wählen und geradeaus 1 km nach Reliegos zu gehen, das schon von weitem zu sehen ist. Die dortige Pilgerherberge ist weiter oben auf dem Hauptweg beschrieben worden.

Reliegos - Mansilla de las Mulas
(6 km) Karte 9

🚶 Den gelben Pfeilen folgend geht es 500 m aus dem Ort und dann 5 km auf dem Pilgerweg weiter, bis er kurz vor Mansilla de las Mulas endet, wo die Nationalstraße N-601 überquert wird. Geradeaus geht es 1 km ins Ortszentrum bis zur Plaza Pozo; hier geht man die Calle Puente geradeaus und findet nach 200 m auf der linken Seite die Pilgerherberge.

Mansilla de las Mulas   ⇧ 799 m; 1.700 Ew. 🏨 🛒 ✕ 🍴 🏪 ✓ ⊞
🛈   Calle de los Mesones 20, ☎ 987310138, 🗓 1.7. bis 30.9.

🏠   Sehr gute und gemütliche Herberge mit 46 Liegen, Küche, Aufenthaltsraum, Waschmaschine und schönem Innenhof.
◆   Calle Puente 15, ☎ 987310068; ständig 🗓; im Winter bei Laura melden, ☎ 987311074; Ptas. 500.

Mansilla de las Mulas - León-Kathedrale
(19 km) Karte 9

🚶 Man geht von der Pilgerherberge die Calle Puente entlang bis zu ihrem Ende und dann auf die links von ihr befindliche Hauptstraße, auf der die mittelalterliche Brücke über den Fluß Esla überquert wird. Dann läuft man 4 km auf einem Pilgerweg links von ihr bis **Villamoros**, ⛲ 🍴, (km 4,5). Weiter geht es 2 km auf der Nationalstraße oder links neben ihr bis **Puente de Villarente** ✕ 🍴 🏪 (km 6,5).

Man durchquert diesen Ort 1 km auf der Nationalstraße, die man am Ortsausgang 150 m hinter der Campsa-Tankstelle rechts verlassen kann. Auf einer Piste, die in angenehmem Abstand zur N-601 verläuft, geht es immer geradeaus.

Nach 4,5 km ist noch der alte Abzweig halblinks Richtung **Valdelafuente** zu erkennen, aber eine neuangelegte Piste führt 1,5 km weiter geradeaus bis fast auf die Höhe vor León. Dort muss man nun wieder links zur Nationalstraße gehen und auf dieser bzw. neben ihr 1,5 km bergab auf León zu. Im Jahr 2000 gab es hier verschiedenen Baustellen; wenn alles fertig ist, wird der Weg für Pilger sicher auch angenehmer.

Schließlich kann man die Nationalstraße halblinks verlassen, und man betritt León über die Avenida del Alcalde Miguel Castaño. Nach 1 km überquert man den Fluß **Torio** über die alte Brücke oder über die links von ihr befindliche neue Fußgängerbrücke; danach muß man jedoch in jedem Fall wieder zurück zur genannten Straße. 500 m nach der Brücke kommt man zu einer großen Kreuzung der Avenida del Alcalde Miguel Castaño mit der Avenida de Fernández Ladreda (km 17). Ins Stadtzentrum und zur Pilgerherberge im Benediktinerkloster geht es geradeaus weiter, zur Pilgerunterkunft in der Jugendherberge dagegen nach links.

León

⇧ 823 m; 145.000 Ew

🏨 � ✕ 🖨 🏪 ✓ ✚

ℹ️ Plaza de la Regla 4 (Kathedralsvorplatz), ☎ 987237082

🚶 Von der Kreuzung geht man links in die Avenida de Fernández Ladreda; nach 700 m biegt man in die

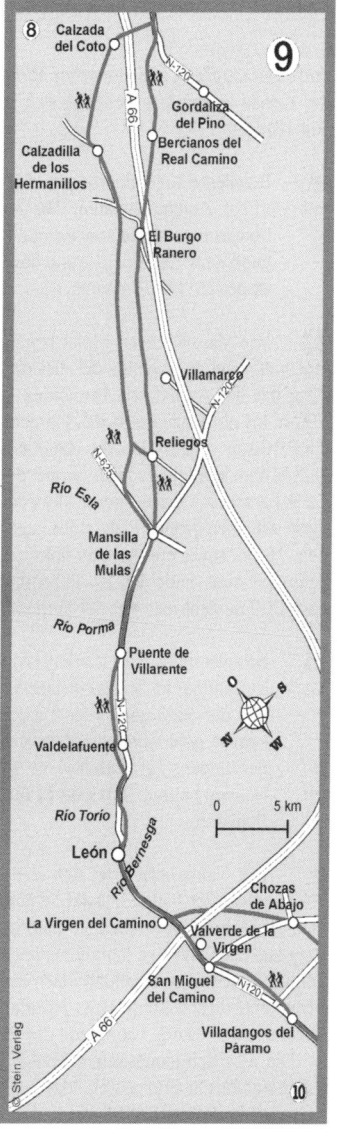

dritte Querstraße (Calle Monseñor Turrado) ein und geht 200 m bis zu ihrem Ende. Genau gegenüber befindet sich die Pilgerherberge CHF, genannt "Chef" (km 18).

🏠   Exzellente Jugendherberge, die einen Teil mit 64 Betten fest für Pilger reserviert hat; Aufenthaltsraum, Waschmaschine und Trockner.

♦   Postadresse: Paseo del Parque 2, Eingang von der Calle Campos Góticos, gegenüber der Einmündung der Calle Monseñor Turrado, ☏ 987255805 + ☏ 987261174; ⏰ ständig; Ptas. 500.

🚶   Von Mansilla de las Mulas kommend, gelangt man ins Zentrum von León, indem man auf der Avenida del Alcalde Miguel Castaño die oben genannte Kreuzung mit der Avenida de Fernández Ladreda überquert und weiter geradeaus 500 m bis zur Plaza de Santa Ana geht. Hier geht man zunächst halblinks, aber nach 200 m verläßt man die Hauptstraße halbrechts in die Calle Barahona. Es geht 800 m immer geradeaus, wobei die Straße mehrmals ihren Namen wechselt: Calle Barahona - Calle Puerta Monedas - Calle Herreros - Calle de la Rúa; wo diese auf einen großen Platz stößt, steht der Palast *Palacio de los Guzmanes* aus dem 16. Jh. sowie etwas weiter links das Haus *Casa de Botines*, dessen Architekt Antonio Gaudí (Ende des 19. Jh.) war. An diesem Platz geht es nach rechts, und nach 300 m steht man vor der Kathedrale.

🏠   Benediktinerkloster (Carbajalas) an der Plaza del Grano (oder Plaza Santa María del Camino) im Stadtzentrum; 50 Liegen in einem großen Saal.

♦   Von der oben genannten Calle Herreros, über die man ins Stadtzentrum kommt, geht rechts die Calle Escurial ab; nach 100 m befindet sich rechts der Eingang zur Herberge, ☏ 987252866; ganzjährig von Freiwilligen und Nonnen betreut; ⏰ 11:00 - 14:00, um Gepäck abzustellen, sowie ab 16:00; Spenden.

▶   Der Name **León** leitet sich vom lateinischen *legio* ab, weil die Römer hier ein Truppenlager hatten. Als im Schicksalsjahr 711 die Mauren begannen, Spanien zu erobern, vertrieben sie bald auch die westgotisch-romanische Bevölkerung aus León. Wenige Jahrzehnte später jedoch wurde León zurückerobert und gehörte seitdem zum Einflußbereich des in den Bergen des Nordens neu entstandenen christlichen Königreichs Asturien. Als sich dieses Königreich nach Süden hin ausdehnte, wurde León Ende des 9. Jh. die neue Hauptstadt.

Die asturisch-leonesischen Könige waren es auch, die nach dem Fund des Apostelgrabes in Compostela, das zu ihrem Herrschaftsbereich gehörte, die Pilgerschaft förderten. So fällt die Blütezeit Leóns als Hauptstadt mit der Blütezeit

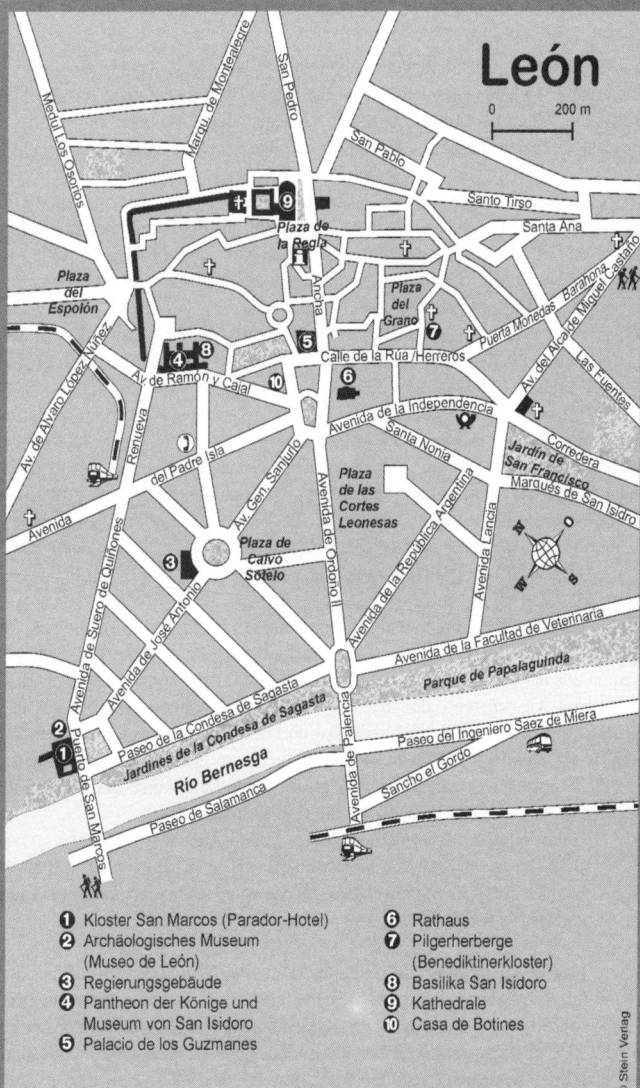

León

0   200 m

Plaza de la Regla

Plaza del Espolón

Plaza del Grano

Av. de Ramón y Cajal

Calle de la Rúa / Herreros

Avenida de la Independencia

Santa Nonia

Plaza de las Cortes Leonesas

Jardín de San Francisco

Marqués de San Isidro

Plaza de Calvo Sotelo

del Padre Isla

Av. Gen Sanjurjo

Avenida de Ordoño II

Avenida de la República Argentina

Avenida Lancia

Avenida de José Antonio

Avenida de Suero de Quiñones

Renueva

Av. de Alvaro López Núñez

Medul los Osorios

Marqu. de Montealegre

San Pedro

San Pablo

Santo Tirso

Santa Ana

Puerta Monedas

Barahona

Alcalde Miguel Castaño

Las Fuentes

Corredera

Avenida

Puerto de San Marcos

Avenida de la Facultad de Veterinaria

Paseo de la Condesa de Sagasta

Jardines de la Condesa de Sagasta

Parque de Papalaguinda

Paseo del Ingeniero Saez de Miera

Río Bernesga

Avenida de Palencia

Sancho el Gordo

Paseo de Salamanca

Anchu

① Kloster San Marcos (Parador-Hotel)
② Archäologisches Museum (Museo de León)
③ Regierungsgebäude
④ Pantheon der Könige und Museum von San Isidoro
⑤ Palacio de los Guzmanes
⑥ Rathaus
⑦ Pilgerherberge (Benediktinerkloster)
⑧ Basilika San Isidoro
⑨ Kathedrale
⑩ Casa de Botines

© Stein Verlag

der Pilgerungen nach Santiago zusammen. Im Jahr 1230 vereinigten sich die Königreiche Kastilien und León, was die Stadt León zweitrangig werden ließ, zumal die Pilgerbegeisterung langsam nachließ. Heute ist León eine moderne Provinzhauptstadt, die überreiche historische Denkmäler besitzt.

✝   **Kathedrale**: Die schönste Kathedrale Spaniens und die einzige, die im 13./14. Jh. im Stil der französischen Gotik erbaut wurde. Durch die großen Fenster strömt viel Licht ins Kircheninnere. Sehenswert sind die Hauptfassade, der Chor, der Hauptaltar, der Kreuzgang, aber vor allem die fast 200 schön verzierten Fenster mit insgesamt 1.800 m² Fensterfläche.

♦   Täglich Juli - September 🕑 8:30 - 13:30 + 16:00 - 20:00, So 8:30 - 14:30 + 17:00 - 20:00, Oktober - Juni Mo - Sa 8:30 - 13:30 + 16:30 - 19:30, So 8:30 - 14:30 + 17:00 -19:00.

✝   **Basilika San Isidoro**: Im 11. Jh. errichtet, um die Reliquien des Heiligen Isidor aufzunehmen, der im 6. Jh. Bischof von Sevilla war. Die Basilika ist später vielfach verändert worden, und nur wenig geht noch auf das 11. Jh. zurück. Die Reliquien werden sehr verehrt, und in der Basilika gibt es fast immer Gläubige in stiller Andacht, was eine intensive Besichtigung verbietet.

♦   Täglich 🕑 🕑:30 - 24:00; Eintritt frei.

⌘   **Pantheon der Könige und Museum von San Isidoro**: Dies ist der Rest des Palastes der Könige von León, zu dem auch die Basilika gehörte. Das Pantheon stammt aus der Mitte des 11. Jh. und ist damit der älteste romanische Innenraum in Spanien. Faszinierend sind die fast vollständig erhaltenen Fresken aus dem 12. Jh, die die Decke komplett bedecken und dem Pantheon den Beinamen "Sixtinische Kapelle der romanischen Kunst" eingebracht haben. Im Museum und in der Bibliothek gibt es zahlreiche äußerst wertvolle Kunstwerke und Bücher aus dem Mittelalter. Die Besichtigung ist ein Muß für jeden Pilger!

♦   Links neben der Basilika San Isidoro. 7 Juli + August Mo - Sa 9:00 - 20:00, So 9:00 - 14:00; Rest des Jahres Mo - Sa 10:00 - 13:30 + 16:00 - 18:30, So 10:00 - 13:30; Eintritt Ptas. 400; nur mit spanischsprachiger Führung (alle 20 Min., Dauer 40 Min.).

✝   **Kloster San Marcos**: Nur Außenbesichtigung. Ehemaliges Kloster aus dem 16. Jh. im Renaissancestil in der für Spanien typischen Variation des platereken Stils, der durch seine überreiche Dekoration charakterisiert ist, die sich besonders auf der 100 m langen monumentalen Fassade zeigt. Heute ist in diesem Gebäude das staatliche Luxushotel *Parador* untergebracht. Natürlich kann man es auch betreten und hier ein Getränk zu sich nehmen.

⌘   Archäologisches Museum (Museo de León):
Sehenswert ist insbesondere der Elfenbein-Christus
von Carizzo (11. Jh.).

◆   Im Gebäude des Klosters San Marcos, rechts
vom *Parador*, ☐ Mai - September 10:00 - 14:00
+ 17:00 - 20:30, Oktober - April 10:00 - 14:00 +
16:30 - 20:00, Mo ganztägig und So nachmittags geschlossen; Eintritt Ptas. 200, sonntags
frei.

Wegkreuz vor dem Kloster -mk

León-Kathedrale - Weggabelung La Virgen del Camino
(8 km) Karte 9

🖐   In dem Ort La Virgen del Camino gibt es keine Pilgerherberge; diese Teil-
strecke wird lediglich angegeben, weil es kurz danach eine Gabelung für zwei
Alternativen des Jakobsweges gibt.

🚶   Vom Kathedralsvorplatz geht man auf der gegenüberliegenden Seite in die
kleine Straße rechts neben dem Touristeninformationsbüro hinein. In den Boden
eingelassene Jakobsmuscheln führen den Pilger 400 m im Zickzack durch die
Straßen der Altstadt zur Basilika San Isidoro. Danach läuft man von der Basilika
über die Calle Renueva und die sich daran anschließende Avenida Suero de
Quiñones geradezu zum Kloster und *Parador* San Marcos (km 1,5). Auf dem Weg
durch die Stadt sieht man also praktisch alle bedeutenden Monumente. Direkt an
San Marcos vorbei führt jetzt die Straße und mit ihr der Jakobsweg über den Fluß
Bernesga aus der Stadt.

Nach der Überquerung des Flusses Bernesga geht man 1,5 km geradeaus.
Dann überquert man eine Bahntrasse über eine Fußgängerbrücke mit einem grünen Geländer, und weiter geht es 1,5 km auf der Hauptstraße. Während einer langen Steigung biegt man am Stadtrand rechts in eine Querstraße. Nach 500 m
kommt man an eine Straßengabelung und geht geradeaus 1,3 km durch ein
(noch) spärlich bebautes Industriegebiet, bis diese Straße auf die N-120 stößt,
die jetzt eine mehrspurige Schnellstraße ist. Geradeaus durchquert man auf
1,5 km den Ort **La Virgen del Camino** 🛏 ✕ 🏧 🍽.

Am Ortsende - dort, wo sich das Heiligtum der *Virgen del Camino* befindet
- geht man auf eine Nebenfahrbahn links neben der Nationalstraße. Nach 300 m

kommt man zu einer Gabelung des Jakobsweges. Auf dem Asphaltbelag der Straße sind beide Wegalternativen deutlich markiert:

❶   Fast immer neben der vielbefahrenen Nationalstraße N-120 über Villadangos del Páramo (km 14), wo es eine gute Pilgerherberge gibt, und von dort noch 12 km bis Hospital de Órbigo.

❷   Über die Weite der kastilischen Felder auf einsamen Pisten nach Villar de Mazarife (km 13,5) mit einer einfachen Pilgerherberge und weitere 14 km nach Hospital de Órbigo. Diese Wegalternative ist erheblich schöner, interessanter und nur 2,5 km länger.

Wegalternative ❶ - Teil 1: Gabelung La Virgen del Camino - Villadangos del Páramo (13 km) Karte 9

🚶‍♀️🚶   Man geht weiter geradeaus auf der Nebenfahrbahn der N-120; nach 700 m endet sie und geht in eine Piste über. Man befindet sich jetzt im Bereich des Autobahnkreuzes und folgt diesem in einem weiten Linksbogen 1 km bis zu einem Tunnel, der durchquert werden muß. Auf der anderen Seite geht es rechts auf eine Piste und dann wieder in weitem Linksbogen 1,5 km zurück zur N-120. Man geht 400 m auf einem Pilgerweg links neben der Nationalstraße und dann 800 m auf ihr durch den Ort **Valverde de la Virgen** ♀ (km 4). Wieder geht man 800 m auf einem Pilgerweg links neben der N-120 bis **San Miguel del Camino** (km 5,5). Den 1 km langen Ort durchquert man besser auf der Straße, die rechts parallel zur N-120 verläuft. Danach geht es wieder 7 km auf dem Pilgerweg links neben der Nationalstraße bis **Villadangos del Páramo** 🏠 🛏 ✗ 🍴 🏃. Am Ortsanfang befindet sich rechts oberhalb die Pilgerherberge.

🏠   Schöne Herberge mit 50 Liegen und 30 Matratzen, Küche, Eßzimmer und Aufenthaltsraum.

♦   Ehemalige Schule am Ortsrand rechts oberhalb der N-120, ☎ 987390629; Juli und August 🗓 ganztägig; wenn geschlossen ist, kann man den Schlüssel bei Doña Rosario holen, deren Haus direkt hinter der Herberge liegt: (Man muß auf der dem Ort abgewandten Seite um ein paar Häuser herumgehen; wenn man das Haus nicht auf Anhieb findet, dann hilft ganz einfaches Fragen, denn es gibt dort sowieso nur wenige Häuser.); Ptas. 300.

Wegalternative ❶ - Teil 2: Villadangos del Páramo - Hospital de Órbigo

(12 km) Karte 10

🚶 Man durchquert Villadangos del Páramo 500 m auf der Calle Real, die am Ortseingang halbrechts von der N-120 abzweigt. Am Ortsausgang geht sie in einen Feldweg über und kommt nach 500 m wieder auf die N-120. 3,5 km geht man auf einem Pilgerweg auf der linken Seite der N-120 bis **San Martín del Camino**, ✕ ⮑ (km 5). Der Ort ist 1 km lang. Ab seinem Ende geht man rechts neben der Nationalstraße 5,5 km auf einem Pilgerweg, bis rechts eine ausgeschilderte Piste nach Hospital de Órbigo führt. Nach 1 km wird die spektakuläre Römerbrücke über den Fluß **Órbigo** überquert, in dem man baden kann.

Hospital de Órbigo   ⬆ 819 m; 1.200 Ew. 🏠 ⮑ ✕ 🏪 🐎 ✓ ⊞

🏠 Nach dem Überqueren der Brücke geht man geradeaus in die Hauptstraße des Ortes; nach 300 m liegt rechts die sehr schöne Herberge mit 48 Liegen, Küche, Aufenthaltsraum, herrlichem Innenhof und einer eigenen Kapelle, in die um 21:45 zum Pilgergebet eingeladen wird. Die Herberge wurde von 1991 bis 1993 von Freiwilligen des Christophorus-Jugendwerks der Caritas in Breisach-Oberrimsingen liebevoll restauriert.

♦ Calle Álvarez Vega 32, ☎ 987388444; von Ostern bis Oktober von Freiwilligen geführt, 🛏 ganztägig; im Winter geschlossen, Spenden.

🏠 Beim Betreten des Ortes über die Römerbrücke verläßt man diese nach dem ersten Abschnitt rechts und geht auf der Calle El Camping 1,3 km geradeaus am Campingplatz vorbei und durch ein Waldstück. Ausgezeichnete Herberge mit 20 sehr guten Liegen, Küche und Aufenthaltsräumen.

♦ Calle El Camping, 🛏 ganzjährig ab 13:00, ☎ 987388250 (betreut vom Restaurant"Los Ángeles", am Ende der Brücke nach links gehen); Ptas. 300.

Wegalternative ❷ - Teil 1: Gabelung La Virgen del Camino - Villar de Mazarife

(13,5 km) Karten 9/10

🚶 Von der Nebenfahrbahn der N-120 geht man links auf einen Feldweg und kommt nach 1 km auf eine kleine Straße, die nach 500 m die Autobahn A-66 unterquert. Man geht rechts an **Fresno del Camino** vorbei und erreicht nach 1,5 km das Dorf mit dem klangvollen Namen **Oncina de la Valdoncina** (km 3,5).

Hier folgt man der Straße 200 m und läuft nach einem kleinen Platz geradeaus auf eine Piste, die den Ort verläßt. Nach 500 m gibt es eine Pistenkreuzung, wo man links geht und dann immer geradeaus laufend nach 5 km **Chozas de Abajo** ♀ (km 9) durchquert.

Weiter geht es 4,5 km auf einer Piste bis **Villar de Mazarife** ✕ 🍴. Am Ortsanfang liegt rechts das kleine private Museum des romanischen Malers Monseñor Pintor Románico, 🛈 ständig; geradeaus führt der Jakobsweg weiter, und in der Straße links befindet sich nach 50 m auf der linken Seite die Pilgerherberge.

🏠   Einfache Herberge in einem alten Gebäude mit 40 Matratzen und Küche.
♦   Hausnummer 11, die Besitzer des Hauses leben im Haus links gegenüber
     (oder die Mutter an der Kreuzung rechts gegenüber der Herberge),
     ☎ 987390596; 🛈 ständig; Ptas 300.

Wegalternative ❷ - Teil 2: Villar de Mazarife - Hospital de Órbigo (14 km) Karte 10

🚶🚶   Villar de Mazarife wird 500 m geradeaus durchquert, und auf einer kleinen Asphaltstraße kommt man nach 5,5 km über eine Straßenkreuzung. 100 m danach geht man links auf eine Piste und weitere 4 km bis **Villavante** (km 10).

Am Ortsanfang geht es am besten halblinks ins Zentrum (gelbe Pfeile an den Bordsteinen), an der Kirche und am Wasserturm vorbei über die Bahnbrücke und dahinter sofort nach links. 700 m geht man auf einer Piste an den Gleisen entlang, bis die Piste schließlich halbrechts wegführt. Nach weiteren 1,5 km auf der Piste überquert man eine Landstraße und erreicht nach 1 km Piste **Hospital de Órbigo**. Hier biegt man rechts ab, überquert die N-120 und geht geradeaus in den Ort. Nach 500 m befindet sich links die eindrucksvolle römische Brücke, die man überquert. Beschreibung des Ortes ☞ Wegalternative ❶, Teil 2.

Hospital de Órbigo - Santibáñez de Valdeiglesias (5 km) Karte 10

🚶🚶   Auf der Hauptstraße läuft man durch Hospital de Órbigo. Am Ortsende gibt es zwei ausgeschilderte Alternativen: Man könnte geradeaus 1,5 km bis zur

N-120 gehen und dann auf bzw. neben ihr 8 km bis zum Wegkreuz von Santo Toribio (km 10), wo beide Wegalternativen wieder zusammentreffen. Von dort sind es noch 6 km nach Astorga.

Pilger in der Paramo-Ebene -mk

Die zweite Wegalternative ist 2 km länger, geht aber der Nationalstraße aus dem Weg und ist darum unvergleichlich schöner, weshalb ich mein Hauptaugenmerk auf diese Strecke richte:

An der Wegkreuzung am Ortsende von Hospital de Órbigo geht man rechts auf eine Piste und erreicht nach 2 km das Dorf **Villares de Órbigo** ♀☖ (km 2,5). Zuerst geht es links, dann rechts, und nach weiteren hier schwer zu beschreibenden Richtungswechseln überquert man 500 m nach dem Dorf eine Asphaltstraße und einen kleinen Kanal. Gegenüber geht es auf einem Pfad 100 m bergauf und dann links auf einem Pfad 1 km bis zur Einmündung in eine Straße, auf der es rechts 1 km nach **Santibáñez de Valdeiglesias** ☖ geht. Im Zentrum führt der Jakobsweg nach rechts, aber zur Herberge geht es 50 m weiter geradeaus und dann rechts.

☖   Im Jahr 1999 wurde auch diese angenehme Herberge, wie die in Hospital de Órbigo, vom Christophorus-Jugendwerk hergerichtet. Sie hat etwa 30 Liegen, Küche, Aufenthaltsraum und einen schönen Innenhof. Die Dame mit dem Schlüssel lebt im 2. Stock; sollte sie einmal nicht da sein, kann man auch im Nebenhaus Nr. 5 fragen.

♦   Haus Nr. 3, von Ostern bis Sept. von Freiwilligen betreut, ⬚ ganztägig. In der Nebensaison ☎ 619363983 anrufen, ob geöffnet ist; Ptas. 400.

Santibáñez de Valdeiglesias - Astorga
(13 km) Karte 10

☖   Man verläßt den Ort den Pfeilen folgend und geht auf einer Piste 1,5 km bergauf. Auf der Höhe geht man an einer Wegkreuzung 100 m geradeaus und dann an einer Pistengabelung halblinks bergab.

Nach 800 m gibt es wieder eine Weggabelung, wo es halbrechts auf einen ansteigenden Feldweg geht. Nach 600 m gibt es am Waldrand eine Weggabelung, wo es halblinks weitergeht, und nach 400 m mündet der Weg in eine Piste, der man halbrechts folgt.

Es geht 300 m bergab und dann auf einen Pfad in den Wald, den man jedoch gleich nach 100 m wieder verläßt. Auf einem breiten Feldweg geht es 2,2 km bergauf, -ab und wieder bergauf.

Dort, wo man am Horizont die Türme der Kathedrale von Astorga ausmacht, geht man an einer Pistenkreuzung halblinks und 1 km bis zum Wegkreuz von **Santo Toribio** (km 7). Von links kommt hier der Pilgerweg herein, der der Nationalstraße gefolgt ist.

Vom Wegkreuz geht es 500 m bergab zur Landstraße und in den Ort **San Justo de la Vega** 🏠 ✕ 🏛 🐾. Nach 1 km Weges durch den Ort wird der Fluß Tuerto überquert; 200 m danach zweigt rechts eine Piste von der Landstraße ab.

1,7 km wandert man diesen Weg entlang; wo dieser endet, geht man links zurück zur Landstraße, auf der man sich nach rechts wendet.

300 m bleibt man auf dieser Straße und überquert zwei Bahnübergänge. Wo die Straße eine Rechtskurve macht, zweigt der Jakobsweg nach links ab auf eine kleine Straße und nach 100 m wieder nach rechts auf einen asphaltierten Feldweg, der nach 250 m die erste Straße von **Astorga** erreicht, wo es wieder nach links geht.

Nach 100 m geht es wieder scharf nach rechts, und man läuft 200 m steil hinauf in die Stadt. Am Ende der Steigung befindet sich auf der linken Seite das Hospital "Centro Las Cinco Llagas", rechts daneben der Eingang in einen Park und rechts daneben die alte Pilgerherberge.

🏠   Einfache Herberge mit 36 Liegen.
♦   Calle Matías Rodríguez 26, ☎ 987615976; 🛏 ab 15:00; 300 Ptas. Wenn geschlossen ist, bekommt man den Schlüssel in dem Hospital "Centro Las Cinco Llagas".

🚶🚶   Zwischen der Herberge und dem Hospital geht man in den Park und 800 m oberhalb der alten Stadtmauer entlang. Am Ende des Parks befindet sich links in einem großen ehemaligen Schulgebäude die Sommerherberge.
Nach rechts sind es nur 300 m bis zur Kathedrale.

🏠   Einfache Sommerherberge mit weitläufigen Räumlichkeiten, etwa 150 Liegen.
♦   Plaza de los Marqueses 13, ☎ 987616633 von Juni bis September 7 ab 13:00; Ptas. 300.

Astorga
⇧ 868 m; 13.500 Ew. 🏨 🛏 ✕ 🍴 🐴 ✓ ⊞

ℹ   Glorieta Eduardo de Castro, ☎ 987618222

▶   **Astorga** war als *Asturica Augusta* schon zur Zeit der Römer sehr bedeutend, was man an zahlreichen baulichen Resten sehen kann. Im Mittelalter war die Stadt eine wichtige Station auf dem Jakobsweg.

✝   **Kathedrale**: Sehenswert sind die Hauptfassade sowie der Hauptaltar und der Chor im Renaissancestil. Bauzeit: Ende des 15. bis ins 18. Jh.

♦   Täglich 🕘 9:30 bis 12:30 + 16:30 bis 18:30; Eintritt frei.

⌘   **Bischofspalast**: Von Antonio Gaudí von 1889 bis 1913 in seinem unverkennbaren neugotischen Jugendstil geschaffen; heute Museum, u.a. das "Museum der Jakobswege" (*Museo de los Caminos*).

Der Bischofspalast in Astorga -mk

♦   Juli - September 🕘 10:00 - 14:00 + 16:00 - 20:00, Oktober - Juni 11:00 - 14:00 + 15:30 - 18:30; So nachmittags und Mo ganz geschlossen, Ptas. 250.

Astorga-Zentrum - Murias de Rechivaldo
(4,5 km) Karte 10

Nach Astorga verändern sich die Landschaft und die Orte. Von Astorga bis zu den Bergen von León (*Montes de León*) erstreckt sich die hügelige Landschaft **Maragatería**. Die Vegetation ist karg und der Boden unfruchtbar, so daß die Bewohner nie von der Landwirtschaft allein leben konnten. So suchten sie neue Einnahmequellen und erlangten u.a. als Fuhrleute einen Ruf.

Die Menschen der Maragatería, die sog. *Maragatos*, sind auch etwas Besonderes: Wahrscheinlich stammen sie von einer frühmittelalterlichen Fusion maurischer und gotisch-romanischer Volksgruppen ab. Bis heute haben sie ihre Traditionen, wie Trachten und Folklore, bewahrt. Auch die Dörfer sehen einzigartig aus, was besonders bei den Kirchen mit durchbrochenen Glockentürmen auffällt.

🚶🚶   An der Kathedrale vorbei läuft man durch die Calle Leopoldo Panero, an deren Ende rechts in die Calle San Pedro und dann immer geradeaus. Nach

500 m überquert man die Nationalstraße N-VI und geht weiter geradeaus auf einer kleinen Landstraße. bzw. auf einem Pilgerweg daneben 3,5 km bis **Murias de Rechivaldo** 🏠 ✕.

Direkt am Ortseingang geht man halblinks auf eine unbefestigte Straße, die durch den linken Ortsteil führt. Das erste Haus nach dem kleinen Platz, auf dem eine Säule mit dem Symbol der Jakobsmuschel steht, ist das Haus des Bürgermeisters (*alcalde*, Calle Santiago 17), wo es den Schlüssel für die Pilgerherberge gibt. Zu dieser läuft man 150 m weiter geradeaus auf der unbefestigten Straße und dann 100 m rechts.

🏠   Sehr einfache Herberge mit 18 Liegen und kalter Dusche.

♦   Rotes Steinhaus, grüne Fenster und Türen, Hausnr. 53; 🏠 ständig; Ptas. 300.

Murias de Rechivaldo - Santa Catalina de Somoza   (❶ 5 km / ❷ 5,5 km) Karte 10

🚶   Jetzt gibt es zwei Möglichkeiten weiterzugehen:

❶   **Kürzerer Hauptweg**: Von Murias de Rechivaldo geht man durch den linken Ortsteil und geradeaus auf einen Pilgerweg. Nach 2,5 km wird eine Landstraße überquert, um auf einem Pilgerweg neben einer anderen Straße geradeaus weiterzugehen. Nach 2 km erreicht man **Santa Catalina de Somoza** 🏠 ♀ (km 5); am Ortseingang geht man halbrechts auf die unbefestigte Calle Real.

❷   **Empfehlenswerte Nebenstrecke**: Von Murias de Rechivaldo geht man 2 km auf der LE-142 nach **Castrillo de los Polvozares** ⇆ ✕, ein vollkommen restaurierter Ort, sozusagen der "Vorzeigeort" der Maragatería mit seinen unregelmäßig gepflasterten Straßen und Häusern aus rotem Stein mit grünen Fenstern und Türen.

500 m geht es auf der Hauptstraße durch den Ort, dann an einer Straßengabelung vor einem Steinkreuz halblinks und nach 250 m am Ortsende, der Markierung folgend, wieder links. Nach 250 m geht man an einer Pistenkreuzung halbrechts und nach weiteren 100 m an einer Gabelung halblinks. Es scheint verwirrend, aber immer ist der Weg mit gelben Pfeilen markiert. Nun steigt man 1,5 km bis zur Landstraße an und geht dann rechts auf den Pilgerweg, der nach 800 m **Santa Catalina de Somoza** (km 5,5) erreicht.

🏠   In der ehemaligen Dorfschule, neben der Bar "Camino Real". Der Eingang der Herberge ist rechts um das Haus herum. Einfache Herberge mit 38 Liegen.

- Calle Real 23; den Schlüssel gibt es in der Hauptstraße Calle Sol in der Bar "El Peregrino";  ständig; Ptas. 300.

Santa Catalina de Somoza - Rabanal del Camino

(11 km) Karte 10

Auf der Calle Real durchquert man den Ort, kommt an seinem Ende wieder auf die Landstraße und geht auf ihr bzw. auf dem Pilgerweg rechts davon weiter bis **El Ganso** (km 4). Am Ortseingang führt eine Straße halbrechts in den Ort.

Am linken Ende des Dorfes in der alten Dorfschule. Am Haus steht kein Hinweis auf die Pilgerherberge, aber sie ist im gleichen Haus wie das Arzt-Sprechzimmer (Consultorio de Atención Primaria) untergebracht.

Notquartier mit 16 Liegen; es gibt weder Duschen noch Toiletten, aber neben dem Haus gibt es einen Brunnen zum Waschen, und man kann die Toiletten des Lokals "Mesón Cowboy" benutzen (nur Juni bis September).

- Plaza de las Heras; den Schlüssel gibt es in der gleichen Straße in dem Haus mit der grünen Tür rechts vor dem großen Holzkreuz; ständig; gratis.

🥾   Man durchquert El Ganso und geht 6,5 km auf Pilgerweg und Landstraße bis kurz vor **Rabanal del Camino** 🏠 ⇌ ✕ 🏴. Hier gibt es zwei Möglichkeiten des Weitergehens: entweder halbrechts 700 m auf einer unbefestigten Straße in den oberen Ortsteil zur Pilgerherberge "Refugio Gaucelmo" oder geradeaus 500 m zum Dorfplatz, wo sich das "Refugio Pilar" und das Notquartier befinden.

🏠   "Refugio Gaucelmo" (Gaucelmo war ein Herbergsvater im 11. Jh. im nahegelegenen Foncebadón): Hervorragende Herberge mit 44 Liegen, Aufenthaltsraum, Küche und schönem Innenhof. Diese Herberge wurde 1989/1990 auf Initiative der englischen Jakobus-Vereinigung restauriert und wird von dieser unterhalten. Englische Freiwillige führen die Herberge, kümmern sich herzlich um die Pilger und machen ihnen sogar ein kostenloses Frühstück, das durch die Spenden finanziert wird.

◆   Genau gegenüber der Kirche, ☎ 987691901; April - Oktober täglich 🚪 ab 15:00, Spenden.

🏠   "Refugio Pilar": Hervorragende private Herberge mit 56 Liegen, Küche, Eßzimmer und schön dekoriertem Innenhof mit Bar; im Winter gibt es einen beheizten Schlafraum.

◆   Am Dorfplatz auf der linken Seite, ☎ 987691890; 🚪 ständig; Ptas. 500.

🏠   Einfache, aber renovierte, im Juni 2001 wieder eröffnete Herberge mit 22 Liegen und weiteren 40 Plätzen auf dem Boden.

◆   Auf dem Dorfplatz, Juni bis Sept. 🚪 ganztägig, außerhalb der Saison steht an der Tür, wer den Schlüssel hat. Notfalls kann man den *Presidente*, eine Art Dorfbürgermeister;☎ 987691275, anrufen, Spenden.

Rabanal del Camino - Foncebadón

(6 km) Karte 10

🥾   Vom Dorfplatz steigt man rechts von der Hauptstraße hinauf in den oberen Ortsteil, wo sich auch die Pilgerherberge "Refugio Gaucelmo" befindet. An der Kirche vorbei geht man links aus dem Ort und geradeaus auf Feldwege, die nach 1,2 km die Landstraße LE-142 erreichen.

Diese wird überquert und gegenüber geht man 1 km auf einem schmalen Pfad, vorbei an einem Brunnen mit leckerem Wasser, bis man wieder auf die Landstraße trifft. Nun geht man 3 km auf der stetig ansteigenden LE-142 und verläßt sie dann halblinks auf die steinige Dorfstraße von **Foncebadón** 🏠 ⇌ ✕

▶   Bis zum Jahr 2000 lag dieser Ort verlassen da, der einstmals eine wichtige Station auf dem Jakobsweg war. Im 10. Jh. fand hier sogar ein Kirchenkonzil statt, und im 11. Jh. gründete der Eremit Gaucelmo hier eine wichtige Pilgerherberge. Im Jahr 2000 wurde jedoch ein sog. Tourismus-Zentrum erbaut, das Anfang 2001 eröffnet werden soll.

🏠   Die neue Herberge befindet sich im Gebäude der restaurierten alten Kirche; ein Teil wird in Zukunft als Gotteshaus dienen und der andere Teil als Pilgerunterkunft. Im Frühjahr 2001 war die schöne Herberge mit 30 Liegen, Küche und Aufenthaltsraum fertiggestellt, aber noch nicht eröffnet, denn es fehlten die Wasser- und Abwasser-Anschlüsse, die im Rahmen der Sanierung des Ortes (Tourismus-Zentrum) angelegt werden.

◆   Im Kirchengebäude; Telefonnummer, Öffnungszeiten und Preise waren im Frühjahr 2001 noch nicht bekannt; ob überhaupt geöffnet ist, erfährt man in den vorherliegenden Pilgerherbergen, am besten in Astorga.

Foncebadón - El Acebo   (12 km) Karte 10

▶   Von Rabanal del Camino über Foncebadón steigt der Jakobsweg auf den mit 1.517 m zweithöchsten Punkt der gesamten Strecke (der höchste ist der Somportpaß in Aragón), und fast 6 km weit verläuft die Straße auf etwa 1.500 m Höhe.

Es handelt sich um die **Berge von León (***Montes de León*)**, die die Maragatería von der Landschaft des Bierzo trennen. Diese Felsbarriere ist mächtiger als die, die später den Bierzo von Galicien trennt.

🏃   Am Ortsende geht man an einer Weggabelung halblinks und auf Feldwegen 1,2 km bergauf, bis man wieder auf die LE-142 trifft. Nach 400 m auf der Landstraße kann man auf einem Feldweg rechts oberhalb der Straße 300 m gehen bis auf den 1.504 m hohen Paß mit dem *Cruz de Ferro* ("Eisenkreuz").

Dies ist einer der charakteristischsten Punkte des gesamten Jakobsweges. Über einem gewaltigen Steinhaufen erhebt sich ein 5 m hoher Eichenstamm, der an seiner Spitze das Eisenkreuz trägt. Jeder Pilger fügt einen Stein hinzu und trägt damit zu einer tausendjährigen Pilgertradition bei.

Aber diese Tradition hat viel ältere Ursprünge; angeblich existierte sie schon vor der Romanisierung und wurde im Mittelalter von den christlichen Pilgern übernommen.

2,5 km geht es auf der Höhenstraße und Pfaden rechts davon weiter bis in das verlassene Dorf **Manjarín** 🏠 (km 4,5).

🏠   Die Herberge wird von Tomás geführt, der 1993 nach Santiago wollte und sich entschied, in der Einsamkeit von Manjarín zu bleiben und, in der Tradition der Tempelritter stehend, für die Pilger zu sorgen.

Die Herberge ist sehr einfach: 20 Matratzen, kein Wasser, aber mit Heizung. Man kann sich am nahegelegenen Brunnen waschen. Tomás bereitet auf Wunsch auch Essen zu. Man kann auch selbst kochen und das Essen mit Tomás und den anderen Pilgern teilen. Es ist sehr interessant, hier zu übernachten, aber diese Herberge genügt nicht allen Ansprüchen an Sauberkeit und Ordnung.

♦   Am Ortseingang rechts gelegen; 🕑 ständig; Spenden für Übernachtung und Essen.

🚶   Auf der LE-142 wandert man weitere 3 km in fast gleichbleibender Höhe, bis man mit 1.517 m die höchste Stelle erreicht. Danach geht es steil bergab, wobei man herrliche Ausblicke auf die umliegenden Berge und Täler genießen kann.

2 km nach dem Paß zweigt plötzlich rechts ein Pfad ab, der nach 500 m wieder zur Straße gelangt. Nach 500 m führt links ein Pfad mit sehr steilem Gefälle 1 km direkt in den Ort **El Acebo** 🏠 🛏 ✗.

🚲   Bleiben Sie auf der Straße! Auf diesem Pfad kann man unmöglich fahren.

🏠   Einfache Herberge mit 10 Liegen und kalter Dusche. Sie wird jedoch erst belegt, wenn die unten genannten Herbergen voll sind.

♦   Erstes Haus am Ortseingang rechts. Den Schlüssel gibt's in der Taverne "El Acebo" in der Hauptstraße; gratis.

🏠   Auch die Tavernen "Mesón El Acebo" und "Taverna de José" haben private Herbergen eingerichtet.

♦   Mesón El Acebo, Calle Real 16, 24 Liegen, ☎ 987695074, Ptas. 500.
♦   Taverna de José, Plaza de la Peña, 14 Liegen, ☎ 987695488, Ptas. 500.

☺   Von El Acebo gibt es eine interessante Nebenstrecke. Sie führt 20 km über kleine Straßen sowie Wege, die den kurvigen Verlauf der Straßen abkürzen von Compludo über Espinosa de Compludo und San Cristóbal de Valdueza ins Tal des Schweigens (*Valle del Silencio*) und weiter nach Peñalba de Santiago.

Dort gibt es verschiedene Unterkünfte, auch eine Pilgerherberge und insbesondere die Santiago-Kirche aus dem 10. Jh. im christlich-maurischen mozarabischen Stil. Von Peñalba sind es erneut 20 km auf einer Landstraße bis nach Ponferrada.

El Acebo - Molinaseca-Zentrum

(8,5 km) Karte 11

戇 Radfahrer bleiben von El Acebo bis Molinaseca auf der LE-142. Geübte Mountainbiker können aber auch auf dem beschriebenen Weg fahren und die technisch anspruchsvollen Abfahrten genießen.

🚶 El Acebo wird auf der einzigen Straße durchquert; 2 km geht man weiter auf der LE-142. Dann führt links ein markierter Pfad ab, der nach 1 km das Dorf **Riego de Ambrós** ✉ ♀ (km 3,5) erreicht. Dieser 500 m lange Ort wird durchquert, aber kurz vor dem Ortsende geht man halbrechts auf einen abfallenden Pfad, der nach 1,2 km wieder auf die LE-142 stößt. Auf dieser läuft man aber nur 200 m, dann biegt man wieder nach rechts auf einen Feldweg ab, der steil abwärts führt. Nach 3 km kommt man wieder auf die LE-142 und wandert auf ihr 400 m nach **Molinaseca** 🏠 ✉ ✕ 🍝 ☎, das man über die Römerbrücke betritt. Das Wasser des **Meruelo** ist hier gestaut, und man kann baden. Den malerischen Ort durchquert man auf der Calle Real, der alten *sirga peregrinal*.

🏠 Ausgezeichnete Herberge mit 20 Liegen, 20 Matratzen und etwa 100 Matratzen in Zelten, die bei Bedarf im Garten aufgestellt werden; Küche.

♦ Avenida Fraga Iribarne 10, 500 m nach dem Ort an der LE-142 links; ☎ 987453077; ❉ ständig; wenn im Winter geschlossen ist, kann man im Ort nach Alfredo fragen; Ptas. 500.

Molinaseca-Zentrum - Ponferrada

(8 km) Karte 11

🚶 Auf der LE-142 kommt man an der Pilgerherberge vorbei und geht nach weiteren 100 m rechts hinter den Tennisplätzen 1,8 km auf Feldwegen, bis man wieder zurück auf die LE-142 kommt. Nach 200 m auf der Landstraße geht man halblinks auf eine Piste und auf dieser 1,5 km bis Campo ✕ 🍝 (km 4).

Von der zentralen Kreuzung geht man in eine Straße halblinks und verläßt den Ort. Nach 1,5 km mündet die Straße in eine Landstraße, der man nach rechts folgt. Nach 700 m geht man am Ortsanfang von Ponferrada wieder halbrechts und überquert nach 300 m den Fluß Boeza.

Hinter der Brücke geht es entweder links ins Zentrum oder geradeaus zur Pilgerherberge.

Richtung Stadtzentrum geht es hinter der Brücke links in eine schmale Straße, die 500 m ansteigt. Schließlich geht man in eine der kleinen Querstraßen rechts und kommt nach 200 m zur berühmten Templerburg.

An dieser rechts vorbei kommt man nach weiteren 300 m zum Hauptplatz Plaza Virgen de la Encina.

🏠   Richtung Pilgerherberge geht man hinter der oben genannten Brücke über den Fluß Boeza geradeaus, aber nicht auf der breiten Hauptstraße, die sogleich in weitem Bogen über eine Brücke links über die Bahntrasse führt, sondern auf der schmaleren Straße links neben der Hauptstraße, die bald an den Bahngleisen entlang führt.

Nach 600 m auf dieser Straße geht es schließlich links auf einer schmalen Brücke über die Bahntrasse und dahinter wieder halblinks. Sich immer links haltend geht man um den alten Friedhof herum und gelangt an seinem Ende zur Pilgerherberge.

Es handelt sich um eine ausgezeichnete, völlig neue Herberge mit 146 Liegen, Aufenthaltsraum, Innenhof und sogar einer kleinen Bibliothek. Ein Raum mit 40 Betten ist für durchziehende Pilger immer zum Ausruhen geöffnet.
♦   Calle de la Loma, ☎ 987413381; ganzjährig 🛏 ab 14:00; Spenden.

🚶   Von der Herberge Richtung Zentrum geht man zur Hauptstraße und dort links 600 m bis zur Templerburg. An der Templerburg vorbei läuft man über die Calle Gil y Carrasco zum Hauptplatz Plaza Virgen de la Encina.

Ponferrada   ⬆ 543 m; 61.600 Ew. 🏠 ⛏ ✕ 🍺 🐴 ✓ ✚
🅸   Calle Gil y Carrasco 4, ☎ 987424236, 🛏 April bis September.

Ponferrada ist die Hauptstadt der Region **Bierzo**, einem fruchtbaren Gebiet, das zwischen Kastilien und Galicien liegt. Politisch gehört der Bierzo zur Provinz León und damit zu Kastilien, unterscheidet sich aber erheblich von diesem Gebiet, beispielsweise in der Landschaft und im Dialekt. Der Bierzo verfügt neben einer reichen Landwirtschaft über Kohle- und Eisenerzvorkommen, deren Zentrum Ponferrada ist.

♟   **Templerburg**: Eines der bedeutendsten Zeugnisse mittelalterlicher Militärarchitektur Spaniens. Im 12./13. Jh. von den Templern erbaut, sollte die Burg den Weg der Pilger und die Brücke über den Fluß **Sil** sichern (📷 Seite 121).
♦   🛏 Anfang Juni - Mitte September 10:00 - 14:00 + 17:00 - 21:00, Mitte September - Ende Mai 10:30 - 14:00 + 16:00 - 18:00, So nachmittag + Mo geschlossen; Ptas. 250.

Zahlreiche Mythen und Legenden umranken die Existenz des Templerordens, der 1118 von Kreuzrittern in Jerusalem gegründet wurde. Die Templer waren Ritter und Mönche zugleich, innerhalb weniger Jahrzehnte kontrollierten sie aber auch das Finanz- und Transportwesen der christlichen Welt. Sie stellten sich den Schutz der Heiligen Stätten und der Pilgerwege zur Aufgabe. In ihrer Rolle als Bankiers verwalteten sie beispielsweise auch das Geld wohlhabender Pilger, die auf diese Weise vor Überfällen sicherer waren und unterwegs an den Stützpunkten des Templerordens sozusagen Geld abheben konnten. Die wirtschaftliche Macht der Templer war dem französischen König Philipp IV. ein Dorn im Auge, und 1307 verbot auf sein Betreiben hin Papst Klemens V. den Orden. Dabei wurde den Templern zum Verhängnis, daß sie geheimnisvolle Rituale praktizierten, die es ihren Gegnern leicht machten, ihnen Satanskult und Hexerei vorzuwerfen.

Ponferrada - Cacabelos   (16 km) Karte 11

🚶 Über die zentrale Plaza Virgen de la Encina läuft man auf der gegenüberliegenden Seite die Treppen hinunter und dann links über die Brücke über den Fluß **Sil**. Auf der anderen Seite geht man sofort rechts durch eine Gasse hinunter ans Ufer des Flusses.

1 km wandert man an der schönen Uferpromenade entlang, bis man am Ortsende links eine Betonpiste 200 m hochgeht und zu einer Straße kommt. Hier läuft man 600 m nach rechts und dann, dem Verlauf der Hauptstraße folgend, nach links und 600 m geradeaus. Wo die Straße endet, geht es 1,5 km geradeaus weiter: durch einen Torbogen hindurch, durch einen kleinen Park, an Tennisplätzen vorbei und abwechselnd auf kleinen Straßen und Feldwegen, bis man an einem Friedhof eine kleine asphaltierte Straße erreicht, der man nach links folgt. Nach 500 m überquert man eine Schnellstraße und kommt auf der gegenüberliegenden Seite in den Ort **Columbrianos** (km 5).

Hier läuft man zuerst 200 m geradeaus, dann nach rechts und nach 100 m wieder nach links. Endlich verläßt man hier die Vororte von Ponferrada und kommt auf eine kleine Straße, über die man nach 2 km den Ort **Fuentesnuevas** ⚲ (km 7,5) erreicht. Nach 1 km durch den Ort geht es 1 km auf einer Piste weiter bis zu einer Landstraße, auf der man nach rechts geht bis nach **Camponaraya** (3.000 Ew.) ✕ 🎌 🐴 (km 10).

🚶 1,5 km geht man auf der Hauptstraße durch den Ort. Kurz nach Ortsausgang macht die Straße einen weiten Rechtsbogen; hier geht man geradeaus über eine Autobahnbrücke.

Dahinter wandert man 4,5 km geradeaus auf Pisten bis nach Cacabelos. Durch die gepflegte Altstadt geht man geradeaus durch den Ort und überquert die Brücke über den Fluß **Cua**, wo es einen Badestrand gibt.

Cacabelos
⇧ ca. 500 m; 4.200 Ew. 🏠 🛏 ✕ 🍺 🎒 ⊞ ⚒

🛈   Plaza Mayor, im Rathaus, ☎ 987546011.

🏠   Gute, im Jahr 2000 eröffnete Herberge mit Innenhof und einem ganz besonderen Luxus: Es bietet 74 Personen in 37 Zweibettzimmern Platz.

♦   Am Ortsausgang 100 m nach der Brücke über den Fluß Cua, auf der rechten Straßenseite neben der Kirche; ☎ 987547167; Ostern bis Oktober 🔑 ab 12:00; Ptas 500.

Cacabelos - Villafranca del Bierzo
(8 km) Karte 10

🚶🚶   Von der Brücke über den Fluß Cua und an der Pilgerherberge vorbei geht es geradeaus auf eine Landstraße. Nach 2 km wird der Ort **Pieros** durchquert, und nach weiteren 2,5 km biegt man von der Landstraße rechts auf eine Piste ab, die nach 3 km Villafranca del Bierzo erreicht.

Villafranca del Bierzo
⇧ 511 m; 4.100 Ew. 🏠 🛏 ✕ 🍺 🎒 ⚒ ⊞

🛈   Calle Díaz Ovelar 10, ☎ 987540028.

Villafranca del Bierzo wird "das kleine Compostela" genannt, nicht nur wegen seiner zahlreichen Kirchen und Monumente, einstigen Pilgerhospitälern sowie einer Burg aus dem 16. Jh., sondern weil den Pilgern hier schon der Ablaß von den Sünden gewährt wurde, wenn sie auf dem Weg erkrankt waren.

✝   **Santiago-Kirche**: Einstige Ablaßkirche der Pilger in romanischem Stil.

ä   Mai bis Sept. 🔑 10:00 - 14:00 + 16:00 - 20:00, Mo geschlossen, ansonsten im Fremdenverkehrsamt oder in der Jatos-Pilgerherberge nachfragen.

🏠   Sehr schöne Herberge mit 60 Liegen und 15 Matratzen; Aufenthaltsraum, Küche, Waschmaschine und Trockner.

♦   Am Ortseingang eines der ersten Häuser rechts, ☎ 987540368; April - Ende Oktober ganztägig 🔑; Ptas. 400.

🛏 Jatos Pilgerherberge (*albergue de Jato*) hat 60 Liegen und einen Speisesaal, in dem günstige Mahlzeiten angeboten werden. Herr Jato, der die Herberge mit seiner Familie führt, kennt viele Geheimnisse des Jakobsweges. Seine Herberge macht einen etwas unordentlichen Eindruck, ist aber einer der Punkte, von denen alle Pilger sprechen.

Auf Jatos Initiative hin wird das mittelalterliche Pilgerhospital nach alten Plänen wiedererbaut, und im Jahr 2000 waren zwei Säle bereits in Betrieb.

♦ Am Ortseingang eines der
ersten Häuser rechts,
☎ 987542680; Ptas. 500.

🛏 Zeltlager (*base de acampada*): 20 Zelte mit Matratzen für 100 Personen; komplett ausgestattet einschließlich heißer Duschen und Waschplatz für die Wäsche; vorhanden sind auch ein Aufenthaltszelt, Küchenzelt mit Campinggas; Notapotheke.

♦ Im Ortszentrum hinter der Kirche San Nicolás; vom 1.7. -
31.8. 🗓 ganztägig; gratis.

Villafranca del Bierzo - Pereje

(5,5 km) Karte 11

🚶 Von der Santiago-Kirche geht man zur Burg und dort rechts hinunter ins Ortszentrum durch die Calle

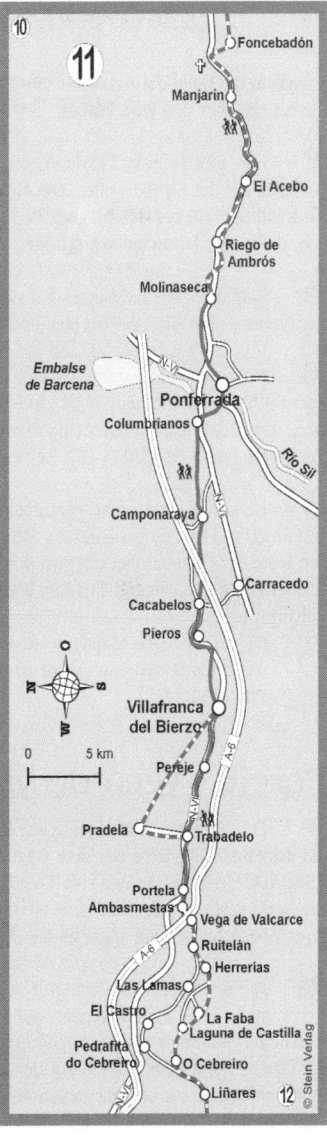

Salinas in die Calle del Agua, die alte Pilgerstraße; am Ende läuft man links über die Brücke über den Fluß **Búrbia**.

☺   Hier gibt es zwei Möglichkeiten des Weitergehens: Der Hauptweg führt halblinks auf der Straße weiter. Die Nebenstrecke, die im Anschluß beschrieben wird, führt geradeaus steil bergauf, ist 2,5 km länger und anfangs recht beschwerlich, dafür aber landschaftlich schöner.

🚲   Radfahrer bleiben besser auf der Hauptstrecke, denn die ersten 3,5 km der Nebenstrecke sind extrem steil und kaum machbar.

🚶‍♂️🚶   Nach der Brücke geht man halblinks auf der alten Nationalstraße N-VI, bis man nach 1,5 km die neue N-VI erreicht. 3 km muß man nun auf der N-VI bleiben, dann kommt halbrechts ein Abzweig auf die alte N-VI, die durch den Ort **Pereje** 🏠 (km 5,5) führt.

🏠   Hervorragende, sehr gemütliche private Herberge, die in einem alten restaurierten Haus eingerichtet ist; sie befindet sich im Ortszentrum auf der linken Seite der Hauptstraße, dort wo der Straßenbelag aus Pflastersteinen besteht; 30 Betten, Küche, Aufenthaltsraum und Garten, in dem im Sommer eine Bar aufgebaut wird.
♦   Calle Camino de Santiago, ☎ 987542670, 🛏 April - Oktober ab 13:00, in den anderen Monaten steht an der Tür, wo man den Schlüssel bekommt; Ptas. 800.

Pereje - Vega de Valcarce   (11,5 km) Karte 11

✋   Der Weg die N-VI entlang war im Jahr 2001 eine wahre Tortur, denn das Tal des Flusses Valcarce war eine gigantische Baustelle der neuen Autobahn, die Ende 2001 eröffnet werden soll. Das Tal wird dadurch sicher nicht schöner, aber die Nationalstraße wird auf jeden Fall ruhiger werden, und vielleicht denkt man bei ihrer Wiederherstellung sogar an die Pilger.

🚶‍♂️🚶   Auf der Ortsstraße gelangt man wieder auf die N-VI, auf der man 2,5 km gehen muß, bevor man halbrechts auf eine kleine Straße abzweigt. Nach 1,2 km durchquert man den 1,3 km langen Ort **Trabadelo** 🛏 ✕ 🍺 🏪 (km 4,5).
Danach geht man 1,2 km auf der alten Nationalstraße, bis man unter einer Autobahnbrücke zurück zur neuen N-VI muß, auf der man 2,3 km weitergeht. Danach läuft man halblinks auf eine Straße durch den Ort **La Portela** 🛏 ✕

(km 9). Nach 500 m ist man schon wieder auf der neuen N-VI, die man nach weiteren 500 m endgültig auf der alten Nationalstraße halblinks verläßt.

Nach 500 m kommt man nach **Ambasmestas** (km 10), und nach 1 km beginnt der langgestreckte Ort **Vega de Valcarce** 🏠 🖙 ✕ 🍺 🦑. Er liegt am Fluß Valcarce, in dem man baden kann. 1 km nach Ortseingang, an der Plaza Municipal, gegenüber dem Lokal "Refugio del Cazador", kann man rechts 60 m zur Pilgerherberge gehen.

🏠   Gute Herberge mit 90 Liegen.

◆   60 m oberhalb der Plaza Municipal; 🔑 ständig; sollte im Winter geschlossen sein, bekommt man den Schlüssel in der Bar "Charly" an der Hauptstraße, 50 m weiter geradeaus, Carretera Antigua 24, ☎ 987543113; Spenden.

Nebenstrecke Villafranca del Bierzo - Vega de Valcarce   (19,5 km) Karte 11

🚶🚶   Nach der Brücke über den Fluß **Búrbia** wandert man geradeaus 7 km steil bergauf. Nachdem man schließlich 500 m leicht bergab gegangen ist, kommt man an eine Weggabelung. Man sollte geradeaus laufen, dann erreicht man nach 1 km das Bergdorf **Pradela** (km 9). Hier geht man nach links zur Landstraße und folgt dieser 1,5 km bergab. Dann geht es rechts auf Bergpfaden und gelegentlich wieder auf der Straße steil bergab, bis man nach 2,5 km auf die alte N-VI stößt (km 10,5 der Hauptstrecke). Links liegt Trabadelo; der Jakobsweg führt rechts weiter wie oben beschrieben Richtung Vega de Valcarce.

Vega de Valcarce - Ruitelán   (2 km) Karte 11

🚶🚶   Man durchquert Vega de Valcarce und geht 2 km auf der Landstraße, der alten N-VI, bis nach **Ruitelán** 🏠 🍷 🍺.

🏠   Private, familiäre Herberge mit 14 Liegen und 15 Matratzen. Wenn es wenig Gäste gibt, können auch die Küche und das Wohnzimmer benutzt werden. Der Herbergsvater Luis ist Masseur und Homöopath und hilft bei gesundheitlichen Problemen gerne weiter. Auch Abendessen und Frühstück bereitet er gegen Entgelt zu.

◆   Im Dorfzentrum 10 m rechts oberhalb der Straße, ☎ 987561322; ständig 🔑; Ptas. 500.

Ruitelán - O Cebreiro   (10 km) Karte 11

🚶🚶   Auf der Hauptstraße geht man weiter durch das Dorf und noch 1 km auf der alten Nationalstraße bis zum Ortsanfang von **Herrerías** ⛺ ✕ 🛒; dort gibt es einen Abzweig auf eine kleine Landstraße halblinks, auf der man während 1,5 km die verschiedenen Ortsteile durchquert.

🚲   Gut trainierte Radfahrer folgen diesem Weg, der auf den letzten 5 km vor O Cebreiro sehr steil wird. Wer sich das nicht zutraut, bleibt auf der alten N-VI und fährt über **Las Lamas** (km 2,5) und **El Castro** (km 7) nach **Pedrafita do Cebreiro** ⛺ ✕ 🛒 (km 9,5); dort stößt man auf die neue N-VI, biegt aber gleich wieder links nach **O Cebreiro** (km 14) ab.

🚶🚶   Vom Ortsausgang (km 2,5) geht es noch 1 km auf der Landstraße weiter; dann kommt links ein schmaler Weg, auf den die Wanderer abbiegen, während Radfahrer geradeaus weiterfahren. Für die Wanderer geht es 500 m bergab und dann 1 km sehr steil durch den Wald bergauf bis in den Ort **La Faba** 🏠 ⛄ (km 5).

🚲   Für Radfahrer ist die Steigung unmöglich zu bewältigen; sie fahren auf der Straße nach La Faba.

🏠   In La Faba wird es in Zukunft eine Pilgerherberge geben, die von Deutschen errichtet wird. Im Sommer 2000 wurde der Grundstein gelegt, und binnen eines Jahres wird es sicher schon eine Übernachtungsmöglichkeit geben.

🚶🚶   Der Ort (⇧ 1.293 m) wird am Brunnen vorbei durchquert. Es geht weitere 2 km auf Bergwegen bergauf bis **Laguna de Castilla** (km 7,5). In gerader Richtung wandert man hindurch; auf einem Bergweg kommt man nach 1 km an das Schild, das anzeigt, daß man endlich das ersehnte Galicien, und zwar die Provinz Lugo, betritt, und nach 1 km erreicht man die Paßhöhe und den ersten galicischen Ort **O Cebreiro** 🏠 ⛺ ✕

▶   Hier befand sich einst eines der wichtigsten Pilgerhospitäler. In dem Dorf gibt es noch heute die runden Häuser mit Strohdach, die sog. *pallozas*. Sie gehen auf die mehr als 2.500 Jahre alte keltische Bautradition zurück, die sich in den Bergen der Provinzen Lugo und León fast bis in unsere Tage erhalten hat.

Traditionelle Palloza-Häuser -mk

⌘   **Ethnographisches Museum**: In einer *palloza* untergebracht, die noch bis vor kurzem bewohnt war und das Leben ihrer ehemaligen Bewohner darstellt.

♦   Mo + Di geschlossen, ⏰ Mi - So 11:00 - 14:00 + 15:00 - 19:00, Oktober - Mai - 18:00; Eintritt frei.

☗   **Pilgermesse** in der Pfarrkirche im Juli und August täglich 20:00, sonntags auch 12:00; im September nur am Wochenende.

▶   In der Pfarrkirche wird der Heilige Kelch von Galicien aufbewahrt, der auf folgende Legende zurückgeht: An einem stürmischen Winterabend kam ein Bauer von seinem abgelegenen Hof in die Kirche, um der Messe beizuwohnen. Der Pfarrer äußerte sich geringschätzig über die Anstrengung, bei derart schlechtem Wetter einen solchen Weg auf sich genommen zu haben, nur um die Messe zu hören. Da verwandelte sich die Heilige Oblate zu Fleisch und der Kelch füllte sich mit Blut.

🏠   Sehr gute Herberge mit 80 Liegen.

♦   Am westlichen Ende des Dorfes, ☏ 982367026 + ☏ 626919583; ⏰ ab 13:00; Spenden.

▶   **Galicien** (mit "c", um es nicht mit dem polnischen Galizien mit "z" zu verwechseln) im Nordwesten der Iberischen Halbinsel ist in vielerlei Hinsicht etwas Besonderes. Die Landschaft ist grün, da es oft regnet. Leider hat man vielerorts das ökologische Verbrechen begangen, massenhaft Eukalyptusbäume anzubauen, was zwar gut riecht, sich aber nicht mit den einheimischen Pflanzen und Tieren verträgt.

Galicien ist sehr bergig, was eine rationale Nutzung des Bodens erschwert; dazu kam die traditionelle Erbteilung, so daß heute Minifundien und Streusiedlungen die Landschaft dominieren; dies sind entscheidende Gründe für die Armut auf dem Lande.

In vorrömischer Zeit siedelten die Kelten in Galicien, worauf noch heute zahlreiche Traditionen zurückzuführen sind, wie der Dudelsack, der hier *gaita* heißt, oder der Hexenglauben. In Galicien wird jedoch keine keltische Sprache gesprochen, wie oftmals fälschlich behauptet wird. Galicisch ist eine romanische Sprache, die dem Portugiesischen näher steht als dem Spanischen (d.h. Kastilischen), wenn auch Schreibweise und Aussprache eher letzterer Sprache ähneln. Galicisch ist neben Spanisch offizielle Landessprache in Galicien.

Galicien war nie ein eigenes Königreich, es wurde immer von den Königen von León, Kastilien oder später Spanien beherrscht.

O Cebreiro - Hospital da Condesa

(6 km) Karte 12

🚶🚶   Unterhalb der Pilgerherberge läuft man auf der Landstraße 3,5 km bis Liñares ⛲🍴. Am Ortsausgang geht man rechts auf eine kleine Straße und nach 100 m wieder links auf einen Pfad, der nach 400 m zurück zur LU-634 führt.

Auf dieser erreicht man nach 200 m die **Paßhöhe von San Roque** (1.270 m). Hier geht es gleich rechts auf einen Feldweg, der 1 km den Weg über den Berg abkürzt und dann weitere 500 m parallel zur LU-634 verläuft. Man erreicht den Ort **Hospital da Condesa** 🏠 (km 5,5), wo sich rechts oberhalb der Landstraße die Pilgerherberge befindet.

🏠   Gute Herberge mit 18 Liegen.
♦   ☎ 982161336 + ☎ 679190879; 🕐 ab 13:00; Spenden.

Hospital da Condesa - Triacastela-🏠

(16,5 km) Karte 12

🚶🚶   Man durchquert Hospital da Condesa rechts auf der Dorfstraße. Nach 400 m erreicht man die LU-634, auf der man 1 km weiterläuft. Dann geht es rechts auf eine kleine Asphaltstraße und nach 200 m links auf einen Feldweg, auf dem man nach 1 km in das Dorf **Padornelo** 🛏🍴 (km 2,5) kommt. Man durchquert es und geht am Ortsende halblinks auf einen Feldweg, der steil bergauf führt, um nach 400 m den höchsten Paß des Jakobsweges in Galicien zu erreichen, den 1.337 m hohen **Alto do Poio** 🛏🍴🍴 (km 3).

Auf den nächsten 12 km geht es 700 Höhenmeter bergab. 800 m läuft man von der Paßhöhe auf der LU-634 und dann 2,5 km auf einem Feldweg rechts neben der Straße bis **Fonfría** 🛏⛲ (km 6,5). Nach diesem Dorf geht es 1,5 km auf einem Feldweg parallel zur Straße weiter. Nach nur 50 m auf der LU-634 führt ein Feldweg rechts ab, der nach 1 km in das Dorf **Viduedo** 🛏🍴 (km 9) führt. Man durchquert den Ort und wandert 3 km auf Feldwegen bergab bis zum Dorf **Filloval** 🛏⛲ (km 12).

Am Ortsanfang geht man direkt links, überquert eine Straße und geht dahinter rechts auf einen Feldweg, bis man nach 1 km die LU-634 überquert. Gegenüber kommt man auf einem Feldweg nach 200 m nach **As Passantes** ⛲ (km 14). 500 m geht man durch das Dorf und dann 1 km weiter auf Feldwegen nach **Ramil** (km 15,5). 200 m danach steht links auf einer großen Wiese die Pilgerherberge.

Triacastela
⇧ 650 m; 1.000 Ew. 🏠 🛏 ✕ 🍴 🎒

🏠   Ausgezeichnete Herberge mit 56 Liegen in sehr schönen Zimmern; gute Aufenthaltsräume. Herbergsvater Jesús bereitet im Winter, wenn es nicht so voll ist, auch einmal das Getränk *Queimada* zu.

♦   Auf der Wiese vor dem Ortseingang von Triacastela, ☎ 982548087 + ☎ 679190880; 🚪 ab 13:00; Spenden.

Queimada gibt es überall in Galicien, und einmal sollte man es probieren - nicht so sehr wegen des Geschmacks, sondern wegen der Zeremonie. Das Getränk besteht vor allem aus dem galicischen Trester *orujo*, der in einer großen Schale verbrannt wird und Zucker schmilzt, der daraufhin heruntertropft. Das Getränk stammt aus dem Mittelalter, und mit ihm werden die Hexen und bösen Geister ausgetrieben, die in dem reinigenden Feuer verbrennen. *Queimada* kann man nur zubereitet bekommen, wenn man als Gruppe das Getränk probieren will.

🚶🚶   Von Triacastela nach Sarria gibt es zwei Wegalternativen:

❶   Der Weg über San Xil und Calvor war immer der Hauptweg; er ist einsamer, landschaftlich schöner und mit 19 km Länge erheblich kürzer als der Weg über Samos.

❷   Die Variante über Samos ist kunsthistorisch interessanter. Diesen Weg benutzten im Mittelalter die Leprakranken, um die man sich im Kloster von Samos kümmerte. Der markierte Wanderweg macht viele Umwege und ist 26,5 km lang. Dafür ist es im Sommer leichter, in der Pilgerherberge von Samos Platz zu finden als in der von Calvor.

Wegalternative ❶ - Teil 1: Triacastela-🏠 - Calvor   (14 km) Karte 12

🚶🚶   Von der Herberge aus durchquert man den Ort Triacastela auf der Hauptstraße, der *sirga peregrinal*. Nach 700 m erreicht man ihr Ende; der Weg über Samos führt hier nach links und der über San Xil nach Calvor nach rechts. Sogleich überquert man die LU-634 und läuft 800 m auf einer kleinen Asphaltstraße. Man erreicht eine Gabelung und geht rechts auf einem Betonweg weiter.

Nach 400 m kommt man erneut an eine Gabelung, und geht hier links auf einen Feldweg. Nach 500 m durchquert man das Dorf **Balsa** (km 2,5). Danach kommt ein 1 km langer, steiler Aufstieg auf einem Waldweg, und anschließend wandert man weitere 500 m auf einer kleinen Straße, auf der man rechts an dem Dorf **San Xil** (km 4) vorbeikommt. Noch 2 km geht man auf dieser Straße. Kurz bevor man den 896 m hohen **Paß von Riocabo** erreicht, geht rechts ein Waldweg ab, der 600 m steil bergab führt und sich dann nach links wendet. Nach 1,5 km erreicht man den Ortsanfang von **Montán** (km 8) und läuft sofort rechts.

Nach 1 km durchquert man **Fontearcuda** (km 9). 500 m weiter kommt man wieder auf die Straße, die all diese kleinen Ortschaften verbindet, und geht hier rechts, aber nach nur 50 m wieder links auf einen Waldweg, der 300 m bergab führt, bevor man rechts auf Feldwege abbiegt. Nach 800 m befindet man sich wieder auf der Straße, auf der man nach weiteren 500 m **Furela** ⚲ (km 11) erreicht.

Man kann halblinks durch den Ort laufen oder gleich auf der Straße bleiben, denn auf dieser geht es dann 400 m weiter, bevor man sie nach rechts verläßt und nach 600 m auf einem Feldweg in das Dorf **Pintín** (km 12) kommt. Nach weiteren 500 m auf der Straße geht man rechts auf einen Waldweg, der 500 m steil bergab führt. Dann überquert man eine Straße und geht weitere 200 m auf einem schönen Waldweg steil bergab, bis man zu einer Straße kommt, auf der man nach 300 m zur Pilgerherberge gelangt, die links von der Straße liegt und zum Dorf **Calvor** 🏠 gehört, das man von hier aber nicht sieht.

🏠   Die Pilgerherberge liegt schön und ruhig, aber man muß Verpflegung dabei haben, denn in Calvor gibt es kein Lokal. Sehr gute Herberge mit 22 Liegen, Küche und Aufenthaltsraum.

♦   ☎ 686744046, diese Nummer kann sich ändern, aber an der Tür steht die aktuelle Telefonnummer; wenn die Herberge verschlossen ist, kann man von der draußen befindlichen Telefonzelle anrufen; 🛏 ab 13:00; Spenden.

Wegalternative ❶ - Teil 2:
Calvor - Sarria   (5 km) Karte 12

🚶   Von der Pilgerherberge bei Calvor kommt man nach 4 km auf einem Pilgerweg neben der Landstraße nach Sarria, überquert die Hauptstraße und gelangt auf die kleine Plaza de Galicia.

Vorne rechts geht es weiter, man überquert nach 400 m eine Brücke und kommt dann auf die Hauptstraße Rúa Benito Quiroga. Hier geht man rechts, gleich wieder links und die Treppen hoch. Der Jakobsweg führt geradeaus weiter; die Pilgerherberge befindet sich in der Straße, die nach rechts führt, nach 30 m auf der linken Seite.

Sarria
⇧ 500 m; 12.400 Ew. 🏠 🛏 ✕ 🍴 🐾 ✓ ⊞

🏠 1997 eingerichtete, sehr schöne und moderne Herberge mit 40 Liegen, Küche und Eßzimmer.

♦ Calle Maior 79, ☎ 982532307 + 686744047; 🚪 ab 13:00; Spenden.

Wegalternative ❷ - Teil 1:
Triacastela-🏠 - Samos
(11 km) Karte 12

🚶 Am Ende der Hauptstraße von Triacastela geht man nach links und überquert den Fluß **Ouribio**. Nach 3,5 km auf der Landstraße LU-634 biegt man rechts in das Dorf **San Cristóbal do Real** (km 4,5) ab. Bei der 500 m langen Ortsdurchquerung muß man gut auf die gelben Pfeile achten, denn die Richtung wechselt ständig. Danach geht man 1,5 km durch den Wald, immer dem breiteren und gut markierten Weg folgend, bis man bei **Renche** ♀ 🍴 (km 6,5) wieder auf die LU-634 trifft.

Doch nach nur 50 m verläßt man die Landstraße wieder rechts und geht im Tal des Flusses **Ouribio** 3,5 km auf Wegen, die vielfach die Richtung wechseln, aber immer gut markiert sind. Schließlich wird die LU-634 unterquert, und es geht auf einer Piste 1 km nach Samos; rechter Hand liegt das Kloster.

Samos
⇧ 550 m; 2.300 Ew. 🏠 🛏 ✕ 🍴 🐾

✝ **Kloster San Julián**: Schon Mitte des 7. Jh. gab es hier ein Benediktinerkloster, von dem heute nichts mehr existiert. Das imposante heutige Bauwerk stammt im wesentlichen aus dem Anfang des 17. Jh.

♦ Mo bis Sa 🚪 10:00 - 12:30 + 16:30 - 18:30, So vormittags nur um 12:45, nachmittags 16:30 - 18:30; geführte Besichtigungen von 45 Min. Dauer; Eintritt Ptas. 200.

✝ **Kapelle der Zypresse** (*Capilla del Ciprés*): Ein Überbleibsel des frühen Mönchtums aus dem 9. Jh. im spanisch-maurischen mozarabischen Stil mit Resten von Original-Wandmalereien.

♦   Gegenüber der Pilgerherberge und der Tankstelle die Treppen hoch und
        nach 100 m auf der linken Seite. Von Mai bis September werden geführte
        Besichtigungen organisiert. Auskunft in der Herberge.

🏠   Einfache Herberge mit 70 Liegen und 40 Matratzen.
♦   Im Klostergebäude an der Landstraße, links neben der Tankstelle,
        ☎ 982546046; ständig 🛏, im Sommer von Freiwilligen betreut; außerhalb
        der Sommermonate kann man den Schlüssel an der Tankstelle bekommen;
        Spenden.

Wegalternative ❷ - Teil 2:
Samos - Sarria   (15,5 km) Karte 12

🚶   Vom Kloster geht man 700 m auf der Landstraße, die jetzt LU-633 heißt,
bis zum Ortsausgang. 200 m danach verläßt man die Straße und geht halbrechts
eine Betonpiste bergauf. Nach 500 m geht es links von einem Bauernhof als Pfad
weiter, und nach weiteren 500 m stößt man im Dorf **Foxos** (km 2) wieder auf die
LU-633.
    Auf dieser geht man 300 m und dann halbrechts eine schmale Straße bergauf.
Nach 800 m geht es vor dem ersten Haus links auf einen Pfad, der nach 500 m
in eine Piste einmündet und diese nach 200 m in eine kleine Straße. Nach 800 m
mündet diese wiederum in eine andere Straße ein - rechts oberhalb bleibt das
Dorf **Gontán** liegen -, die bergab führt.
    Nach 700 m wird die Straße in einer Linkskurve verlassen, und stattdessen
geht es rechts auf eine asphaltierte Piste, die nach 900 m in eine Straße einmündet. Es geht immer in der gleichen Richtung weiter, und nach 500 m mündet
diese Straße wieder in eine andere. Nach 500 m, wo die Straße halbrechts bergauf führt, geht es geradeaus auf eine schmalere Straße, und nach 1,3 km wird **Sivil**
(km 8,5) erreicht.
    Am Ortsanfang geht es links auf eine schmale Straße, und nach 800 m ver-
schwindet der Asphaltbelag und es geht als Piste weiter. Nach 700 m kommt eine
Einmündung in eine schmale Straße, auf der es bergab geht. Aber nach nur 50 m
geht es wieder halbrechts auf einer Piste durch das Dorf **Perros** (km 10). Nach
600 m wird **Aguiada** erreicht, wo es im Dorf links auf eine Straße geht, die nach
300 m auf eine Landstraße trifft. Man geht halbrechts und auf einem Fußweg
rechts neben der Straße 3,7 km bis man, bereits in Sarria, eine Straßenkreuzung
erreicht. Gegenüber kommt man zur kleinen Plaza de Galicia, von der der Weg
wie unter der Wegalternative ❶ beschrieben zur Pilgerherberge führt.

Sarria - Barbadelo

(4,5 km) Karte 12

Dort, wo man die Treppen hochgestiegen ist, geht es 300 m weiter geradeaus durch die Altstadt zu den Ruinen der Burg, die rechts umgangen werden. Dahinter kommt man an das Magdalena-Kloster.

Hier endet Sarria, und man geht links auf einer Piste 200 m bergab und unten rechts auf eine Straße. Nach 200 m läuft man links auf einen Feldweg, der eine kleine Brücke überquert und dann 800 m eine Bahnlinie entlangführt. Auf der anderen Seite geht es anschließend über eine kleine Brücke und 800 m durch den Wald steil bergauf und dann 1 km auf einem Weg mit schöner Aussicht nach **Barbadelo** ⚲ ♨. Der Ort wird auf einer Straße durchquert, und nach 500 m steht die Pilgerherberge rechts auf freiem Feld.

♨ Sehr gute Herberge mit 22 Liegen, Küche, Waschmaschine und Aufenthaltsraum. Lebensmittel kann man von Ostern bis Ende September in einem Wohnwagen nebenan kaufen; in den anderen Monaten muß man Verpflegung dabeihaben, denn im Ort gibt es nichts zu kaufen.

♦ ☎ 982530412 + 686744048; wenn geschlossen ist, kann man von der draußen befindlichen Telefonzelle aus anrufen; ⌗ ab 13:00; Spenden.

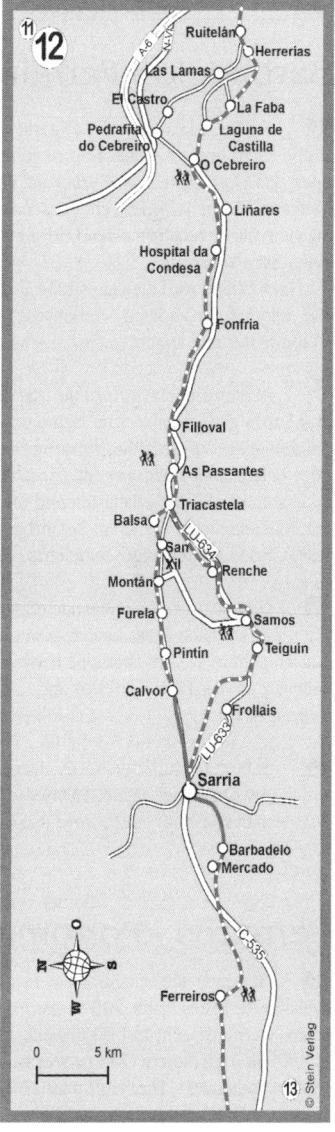

© Stein Verlag

13

Barbadelo - Ferreiros   (9,5 km) Karte 12

🚶🚶   Genau links neben der Pilgerherberge von Barbadelo führt eine Asphaltstraße leicht bergauf. Nach 800 m geht man auf eine Piste halblinks und durchquert das Dorf **Rente** 🛏️. Zurück auf der Straße, kommt man nach 700 m nach
Mercado ⚲ (km 1,5). Es geht geradeaus auf eine Piste, und nach 1,5 km biegt
man von dieser rechts in einen Feldweg ein, der sogleich über eine schöne Brücke
einen Bach kreuzt.

Nach 500 m wird die Landstraße C-535 überquert (an dieser Stelle gibt es ein
✕), und auf der anderen Straßenseite geht man jetzt auf einer kleinen Asphaltstraße weiter und kommt nach 1,5 km nach **Peruscallo** (km 5).

✋   Achten Sie jetzt gut auf die Markierungen! Wie schon zwischen Triacastela
und Sarria gibt es zahlreiche kleine und verstreut besiedelte Dörfer. Diese sind
untereinander auf vielfältige Weise verbunden, über asphaltierte Sträßchen, Pisten
oder *corredoiras*; dabei handelt es sich um Wege aus großen Steinen, die schon
zu Zeiten der Römer existierten und die heute dementsprechend verwittert sind.
Für Radfahrer sind sie kaum befahrbar, und wenn doch, dann immer mit dem
Risiko, Rad und Reifen zuschanden zu fahren.

🚶🚶   Geradeaus kommt man nach 800 m nach **Lavandeira** (km 6) und nach weiteren 1,5 km nach **Brea**. Eine Asphaltpiste führt nun nach **Morgade** 🛏️ (km 8);
danach geht es 1,2 km über eine halsbrecherische *corredoira* und dann auf einem
Feldweg in das Dorf **Ferreiros** 🏠 ✕, das rechts oberhalb durchquert bzw.
umgangen wird.

🏠   Sehr gute Herberge mit 22 Liegen, Küche und Aufenthaltsraum.
♦   Am Ortsende, ☎ 982157496 + 686744049, wenn geschlossen ist, kann
man von einer Telefonzelle aus anrufen; 🕐 ab 13:00; Spenden.

Ferreiros - Portomarín   (9,5 km) Karte 13

🚶🚶   Auf einer kleinen Straße geht man 500 m und dann halblinks auf eine
asphaltierte Piste. Nach 500 m wird das Dorf **Pena** durchquert, und auf einer
schmalen Straße geht es 600 m weiter bis **Rozas**.

200 m nach diesem Dorf geht es halbrechts auf einen Feldweg und 1,3 km bis
Moimentos (km 3). Hier läuft man 200 m auf der Straße und dann links 400 m
auf einem Feldweg bis **Loio** (km 3,5).

Danach folgt man 1 km der Asphaltstraße, verläßt diese dann links und geht gleich wieder rechts auf einer Piste 500 m bis **Parrocha** (km 5,5). Man durchquert den Ort und läuft 200 m auf der Straße und dann rechts auf Feldwegen und einer *corredoira* 1 km bis **Vilacha** (km 7).

Der Ort wird durchquert, und dann wandert man, immer den gelben Pfeilen folgend, auf kleinen Asphaltstraßen 1,5 km bis zur Brücke, die den aufgestauten Fluß Miño hier überspannt.

Hier liegt der neue Ort **Portomarín**; der alte Ort versank in den 60er Jahren im Wasser des Stausees. Am Ende der Brücke führt der Jakobsweg nach links, zur Pilgerherberge geht es nach rechts. Ob man hier übernachten will oder nicht, das Zentrum der verleg-

Corredoira bei Morgade -mk

ten Kleinstadt sollte man auf jeden Fall sehen. Also geht man entweder die Treppen gerade hoch oder auf der Straße nach rechts 400 m bergauf und dann links, wo sich nach 100 m unübersehbar an einer Straßenecke die Pilgerherberge befindet. Das Stadtzentrum liegt links davon.

Portomarín
⇧ 450 m; 2.200 Ew. 🏠 🛏 ✕ 🏴 🐴 ⊞

☩   **Kirche San Nicolás**: Romanische Wehrkirche, die beim Bau des Stausees Stein für Stein abgetragen und hier oben originalgetreu wieder aufgebaut wurde mit sehenswertem Portal.

◆   🔔 ständig; Eintritt frei

🏠   Sehr gute Herberge mit 160 Liegen, Küche, Aufenthaltsraum und Waschmaschine (Ptas. 300). Radfahrer werden im Sommer normalerweise zum Sportzentrum (*polideportivo*) am Hauptplatz geschickt, wo sie auf dem Boden schlafen.

◆   Calle Fraga Iribarne; ☎ 982545143 + 686744051; 🔔 ab 13:00; Spenden.

Portomarín - Gonzar   (8,5 km) Karte 13

🚶   Vom Ortszentrum geht man die Hauptstraße hinunter. Nach 500 m kommt man auf die C-535, läuft nach links und nach 100 m wieder scharf rechts über die Fußgängerbrücke. An ihrem Ende biegt man rechts auf eine Asphaltstraße ab und geht nach 100 m halblinks auf einen Waldweg. Nach 2 km auf

Feld- und Waldwegen kommt man zur C-535, geht links und folgt der Landstraße
dann 5,5 km auf Wanderwegen rechts und links von ihr. Schließlich kommt man
am Ort **Gonzar** ♀ vorbei und erreicht die Pilgerherberge links an der Straße.

🏠 Sehr gute Herberge: 20 Liegen, Küche, Waschmaschine, Aufenthaltsraum.
♦ ☎ 982157840 + ☎ 630065977; 🛏 ab 13:00; Spenden.

Gonzar - Hospital da Cruz   (4 km) Karte 13

🚶 Nach 50 m auf der C-535 geht man links in eine schmale Straße und nach
100 m wieder rechts auf einen Feldweg. Nach 800 m stößt man auf eine kleine
Straße, die durch das Dorf **Castromaior** führt. Danach geht es auf der Straße
700 m bis zur C-535 dann 1,3 km auf Wegen links und rechts der Landstraße. Schließlich kreuzt man die C-535 wieder und geht links auf einen Feldweg, der nach 500 m **Hospital da Cruz (Gemeinde Ventas de Narón)** 🏠 ♀
durchquert; am Ortsende steht die Pilgerherberge auf der linken Seite.

🏠 Sehr gute Herberge mit 22 Liegen, Küche und Aufenthaltsraum.
♦ Direkt an der C-535, ☎ 982545232 + ☎ 678190695, wenn geschlossen
ist, kann man von einer Telefonzelle aus anrufen; 🛏 ab 13:00; Spenden.

Hospital da Cruz - Airexe   (5,5 km) Karte 13

🚶 Man überquert die C-535 und geht auf der anderen Seite eine kleine
Straße ein Stück bergauf und dann 1 km geradeaus nach **Ventas de Narón**. Auf
dieser Straße geht es weitere 3 km bis **Ligonde** ♀ (km 4,5), und noch 1 km bis
Airexe (Gemeinde Ligonde) 🏠. Man durchquert das Dorf, an dessen Ende auf
der rechten Seite die Herberge steht.

🏠 Sehr gute Herberge mit 18 Liegen, Küche, Aufenthaltsraum.
♦ ☎ 982153483 + ☎ 679190796; 🛏 ab 13:00; wenn geschlossen ist, bekommt man den Schlüssel im Haus Nr. 4 von Airexe; Spenden.

🏠 Auch in **Ligonde**, 1 km vorher, gibt es im Sommer eine private Herberge,
die von einer Gruppe britischer Christen geführt wird. Die Aufnahme dort ist sehr
freundlich, es gibt Informationsmaterial und Essen wird zubereitet.
♦ Im Ortszentrum, Haus Nr. 4, in der Rechtskurve links an der Landstraße
gelegen.

Airexe - Palas de Rei (8 km) Karte 13

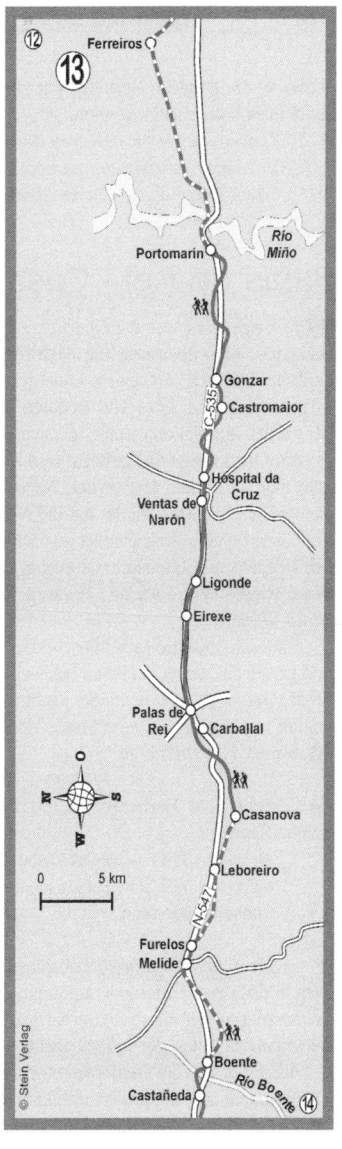

🚶🚶 Auf der kleinen Straße halblinks geht es 5 km weiter durch verschiedene Dörfer, bis man fast die N-547 erreicht (an dieser Stelle gibt es ein ✗). Dort läuft man nach links und 1,3 km auf einem Wanderweg neben der Straße bis **Rosario** ♀. Hier entfernt sich der Weg links von der Straße, und nach 1,3 km betritt man Palas de Rei auf der Calle do Cruzeiro, bis man nach 100 m links in die Calle de la Iglesia abbiegt. Dort geht man an der Kirche vorbei und die Treppen hinunter, wo eine Straße überquert wird. Gegenüber läuft man in der Travesía de la Iglesia wieder Treppen hinab. Unten auf der Avenida de Compostela liegt direkt an der linken Ecke die Pilgerherberge.

Palas de Rei
⇧ 565 m; 4.800 Ew. 🏠 ⛺ ✗ 🛒 🏪

🏠 Ausgezeichnete Herberge in einem schönen restaurierten Haus mit 60 Liegen, Küche, Waschmaschine, Trockner, Aufenthaltsraum und einer Kapelle für die Andacht.
  ◆ Avenida de Compostela 19, ☎ 982374126 + ☎ 67919-0875; 🔑 ab 13:00; Spenden.

🏠 Wenn diese Herberge voll ist, öffnet der Pfarrer gerne eine andere, die eigentlich für Gruppen vorgesehen ist, die aus religiöser Motivation reisen. Einfache Herberge mit zwei Zimmern, in denen etwa 40 Personen auf dem Boden schlafen können.

♦ Calle de la Iglesia, direkt vor der Kirche links; den Schlüssel bekommt man im Haus des Pfarrers (*párroco*) in der Calle do Cruzeiro 8 in einem Haus hinter einem großen Garten; gratis.

Palas de Rei - Casanova   (6 km) Karte 13

🚶🚶   Gegenüber der Pilgerherberge geht man bergab durch die Travesía del Peregrino. Man überquert die nächste Querstraße und läuft 200 m auf einem gepflasterten Weg. An seinem Ende geht es links zur N-547, die überquert wird. Es geht gegenüber links 300 m durch diesen Ortsteil von Palas de Rei und wieder zurück zur Nationalstraße, der man jetzt 700 m folgt.

Am Ortsanfang von **Carballal** wird rechts abgebogen, und auf einem Feldweg geht man an diesem Ort vorbei. Nach 600 m läuft man nach links und kommt nach weiteren 200 m wieder auf die N-547, die man überquert. Dann geht man 100 m auf einem Weg parallel zur Straße. Schließlich geht man links auf einen Feldweg. Nach 500 m läuft man rechts auf eine kleine Asphaltstraße und nach nur 50 m wieder links auf einen Feldweg, der nach 500 m in das Dorf **San Xulián** (km 3,5) führt.

Man durchquert dieses hübsche Dorf und geht dann 500 m auf einer Straße und geradeaus weiter auf einen Feldweg. Nach 500 m wechselt man links auf eine Straße und nach 100 m wieder rechts auf einen schönen Waldweg. Nach 1 km kommt man wieder auf eine Straße und geht links 300 m in das Dorf **Casanova** 🏠 bis zur Pilgerherberge.

🏠   Sehr gute Herberge mit 20 Liegen, Küche und Aufenthaltsraum mit Kamin; Spenden.

♦ ☎ 982173483 + ☎ 679190878; 🕐 ab 13:00; wenn geschlossen ist, bekommt man den Schlüssel im Haus auf der gegenüberliegenden Straßenseite; Spenden.

▶   Dem aufmerksamen Jakobspilger wird nicht entgangen sein, daß es dem Weg in Galicien an Monumenten fehlt, die sich dafür in Santiago de Compostela konzentrieren. Auf diese Weise hat man vielleicht Augen für die bescheideneren Sehenswürdigkeiten der volkstümlichen Architektur.

Als erstes sind die **Friedhöfe** zu nennen, auf denen jedes Grab ein kleines Granitmonument ist. Auf den Friedhöfen in Galicien, wo der auf keltische Ursprünge zurückgehende Geisterglaube noch heute seine Spuren hinterläßt, scheint die enorme Häufung von Kreuzen neben der rein religiösen Bedeutung auch die Abwehr des Bösen zu symbolisieren.

Als weiteres Element der Volksarchitektur sind die *hórreos* zu nennen, die Maisspeicher aus Granit, die allenthalben zu finden sind. Sie sind langgestreckt und durchbrochen, so daß der Wind die Maiskolben gut trocknen kann. Waagerechte Steinplatten auf den Stützen verhindern, daß Mäuse hochklettern können.

Casanova - Melide
(9,5 km) Karte 13

Maisspeicher -mk

🚶‍♀️🚶   200 m läuft man auf der Straße bergauf bis zu einer Gabelung, wo man rechts auf eine Straße geht, die man schon nach 100 m links auf einen Weg verläßt. Auf Feld- und Waldwegen wandert man 2 km, bis man halbrechts in eine kleine Asphaltstraße einbiegt und dann nach 500 m bei **Coto** ♀ (km 3) eine große Straße erreicht, die ein Zubringer zur N-547 ist.

Hier betritt man die Provinz A Coruña (spanisch: La Coruña), in der Santiago de Compostela liegt, das laut einem Hinweisschild nur noch 60 km entfernt ist. Man geht hier links auf die Straße und nach 100 m wieder links auf einen Feldweg. Der Jakobsweg führt auf diesem Weg hinab in das 500 m entfernte Dorf **Leboreiro** (km 3,5), das eine schöne romanisch-gotische Kirche besitzt. Man geht durch den Ort, überquert eine Brücke und betritt sofort das nächste Dorf **Disicabo** (km 4).

200 m nach Ortsende geht es links auf einen Wanderweg und auf diesem 2,8 km geradeaus in der Nähe der N-547. Schließlich mündet der Weg in eine Piste, und 200 m weiter biegt man halbrechts in einen Waldweg ab.

Nach 400 m wird rechts eine Brücke überquert und das Dorf **Furelos** (km 7,5) betreten. Es geht sogleich nach links und 300 m durch diesen alten Ort. Danach geht es 1 km abwechselnd auf Feldwegen und Straßen am linken Stadtrand von Melide entlang, bis man direkt auf die große Avenida de Lugo kommt.

Man geht nach links 300 m bis zu einem Kreisverkehr, dort rechts und die zweite kleine Straße wieder links in die Rua San Pedro, auf der der Jakobsweg aus Melide hinausführt.

Wenn man zur Pilgerherberge möchte, geht man nach 300 m rechts. Nach 50 m steht die Herberge an der nächsten Ecke rechts.

Melide

⇧ 454 m; 8.200 Ew. 🛏✕🍴🎒✓✚

🏠 Eine der besten Herbergen des gesamten Jakobsweges mit 130 Liegen, Küche und einem großen Aufenthaltsraum.

♦ Rua do San Antonio 25, ☎ 981506266 + ☎ 679190878; 🔑 ab 13:00, den Schlüssel gibt es notfalls im Nachbarhaus Nr. 23; Spenden.

Melide - Ribadiso   (11,5 km) Karten 13/14

🚶🚶 Auf der oben genannten Straße Rua San Pedro geht man weiter aus Melide hinaus am Friedhof vorbei und läuft einen Feldweg steil bergab. Nach etwa 400 m kreuzt man die N-547 und geht gegenüber in eine Straße, die schon zum Dorf **Santa Marta** gehört und die man nach 200 m rechts verläßt. Über den Kirchplatz erreicht man einen Feldweg.

Nach 1,7 km auf einem schönen Waldweg überquert man den Bach **Barreiro** über eine malerische, primitive Steinbrücke.

Auf Waldwegen geht es 1 km bis zur N-547, der man auf einem Pfad an ihrer linken Seite 100 m folgt. Dann entfernt man sich auf einer Piste wieder von der Nationalstraße. Geradeaus kommt man nach 1,5 km nach **Boente** (km 6), wo die N-547 erreicht wird.

100 m geht man auf der Nationalstraße und dann halbrechts auf einen Feldweg, der 700 m bergab führt und durch einen Tunnel unter der N-547 hindurch. Danach geht man auf Feldwegen 800 m steil bergauf, bis man der N-547 nahekommt und links auf einer parallelen Nebenstraße nach 700 m den Ort **Castañeda** (km 8) erreicht.

Im Ort geht man links auf eine Straße, die sich nach 100 m gabelt; man nimmt die rechte Straße. Man läuft 1 km bis zu einer Kreuzung, überquert diese und geht geradeaus auf einer Piste weiter.

Nach 1,3 km über Felder und durch den Wald überquert man die N-547 über eine Brücke, und nach 200 m kreuzt man eine andere Straße. Nach 700 m auf einer Piste kommt man nach **Ribadiso** ♉. Das erste Haus nach der Brücke über den Bach **Iso** ist die Pilgerherberge.

🏠 Ausgezeichnete Herberge, die einsam an einem Fluß liegt. Hier kann man baden und herrlich picknicken. 62 Liegen, Küche und Aufenthaltsraum; ein Schlafraum ist für Behinderte eingerichtet. Selbstverpflegung; kaufen Sie schon vorher in Melide ein!

♦ ☎ 981501185 + ☎ 686744052, wenn geschlossen ist, kann man von einer Telefonzelle aus anrufen; 🔑 ab 13:00; Spenden.

Ribadiso - Arzúa (3,5 km) Karte 14

🏃🏃 Von der Herberge geht es 300 m bergauf, dann links 100 m zur Nationalstraße, die unterquert wird. Gegenüber geht man nach rechts 600 m auf einer Straße und dann 1,8 km links neben der N-547 bis ins Zentrum von Arzúa zu einer Landstraßenkreuzung, wo man halblinks in die Calle Cima del Lugar geht. Nach 200 m befindet sich links die Pilgerherberge.

Arzúa ⇧ 385 m; 6.900 Ew. 🛏✕🏳🐴⊞

🏠 Neue, sehr gute Herberge mit 46 Liegen, 17 Matratzen, Küche, Aufenthaltsraum und Innenhof.

◆ Calle Cima del Lugar, neben der Magdalena-Kapelle (*Capilla de la Magdalena*), ☎ 981500455 + 686744053; 🏳 ab 13:00; Spenden.

🏠 Wenn die Herberge voll ist, stellt die Kirche einen Raum zur Verfügung, der nur ein Dach über dem Kopf bietet; man kann in der Herberge duschen.

◆ In der Kirche ; ☎ 981500556.

Arzúa - Santa Irene (17 km) Karte 14

🏃🏃 Vom Ortszentrum von Arzúa verläßt man über die oben beschriebene Parallelstraße zur N-547 geradeaus den Ort. Die Straße wird nach 300 m zur Piste, und nach 700 m geht man links. Nach weiteren 1,2 km kommt man auf eine kleine Straße, die das Dorf **Preguntoño** (km 2) durchquert.

Nach 300 m kommt man zu einer Piste, die nach 100 m die N-547 unterquert. Auf der anderen Seite geht es auf einer Piste weiter, von der man nach 800 m halblinks auf einen Waldweg abbiegt. Nach 300 m geht es wieder nach rechts und auf Waldwegen durch **Tavernavella** (km 5,5) und **Calzada** (km 6) bis nach **Calle** 🍷 (km 8).

Am Ortseingang dieses Dorfes gibt es einen kleinen Platz mit einem Brunnen; hier läuft man rechts 100 m bergab und dann links 300 m den Pfeilen folgend durch das Dorf. Man überquert einen Bach und geht danach sofort rechts auf einen Feldweg.

Nach 100 m kommt man zwischen einer Häusergruppe hindurch und läuft dann rechts auf einen Feldweg. 700 m geht man auf diesem Weg und weiter geradeaus 100 m auf einer Straße, die man gleich wieder halblinks über eine Piste verläßt. Nach 400 m kommt man nach **Boavista** (km 9,5).

Im Dorf geht man links und sofort wieder rechts auf einer Piste 1,5 km bis **Sal-ceda** ♙ (km 11). Nach 200 m durch den Ort wechselt man halblinks auf einen Feldweg, über den man nach 200 m zur N-547 gelangt (hier gibt es eine ♙). 400 m folgt man der Nationalstraße, bis man sie halbrechts verläßt und 800 m auf einem Feldweg weitergeht. Dann überquert man die N-547 und geht links auf einen Feldweg, der nach 1 km nach **Ras** (km 13,5) führt.

Nach 150 m auf einer Straße überquert man wieder die N-547 und wandert auf einem Feldweg 200 m bis **Brea** (km 14). Im Dorf geht man links und gleich wieder rechts auf einen Feldweg, der nach 300 m **A Rabiña** (km 14,5) erreicht. Man läuft links am Dorf vorbei und danach auf einer kleinen Asphaltstraße links auf die N-547, auf der man nun weitergehen muß und nach 1 km **Empalme** ✕ (km 16) erreicht.

Hinter dem rechts an der Straße gelegenen Restaurant zeigt ein Pfeil an, daß man rechts auf einen Feldweg abbiegen muß. Nach 100 m geht man links auf einen anderen Weg, der nach 1 km an dem Ort **Santa Irene** 🏠 ⛺ vorbei führt, der linker Hand liegen bleibt, und die Pilgerherberge erreicht.

🏠   Sehr gute Herberge mit 36 Liegen, Küche und Aufenthaltsraum.
♦   ☎ 981511330 + ☎ 686744054; 🚪 ab 13:00; Spenden.

Santa Irene - Abzweig Pedrouzo (2 km) - Pedrouzo-🏠   (2,5 km) Karte 14

🚶🚶   Man geht 300 m neben der N-547 weiter und dann rechts auf einen Waldweg. Nach 400 m kommt man zurück zur N-547, auf der man nur 50 m bleibt, um dann links auf eine kleine Asphaltstraße abzubiegen, die nach 100 m in einen Waldweg übergeht. Nach 500 m kommt man in das Dorf **Rúa** ⛺ ✕. Nach der Durchquerung dieses Dorfes geht man 500 m auf einer Asphaltstraße weiter, bis man wieder zur N-547 kommt.

Der Jakobsweg führt nun auf der anderen Seite auf einem Feldweg weiter; zur Pilgerherberge geht es jedoch links 500 m auf der Nationalstraße bis nach **Pedrouzo (Gemeinde Arca-O Pino)** 🏠 ⛺ ✕ 🏪 🐾.

🏠   Vom Abzweig läuft man auf der N-547 an der Tankstelle vorbei; danach ist es das erste Haus links am Ortseingang. Gute Pilgerherberge mit 120 Liegen, Küche und Aufenthaltsraum.
♦   ☎ 981511110 + ☎ 686744055; 🚪 ab 13:00; Spenden.

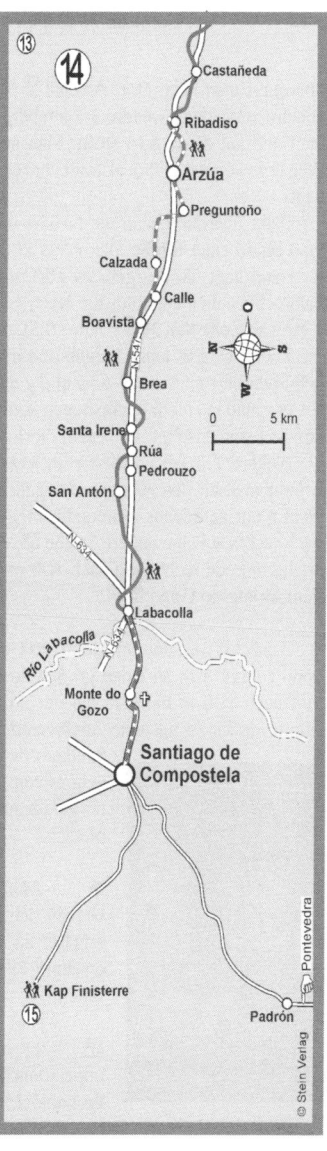

🚶🚶 Von der Pilgerherberge muß man nicht zurück zum Abzweig, sondern man geht 400 m auf der N-547 ins Zentrum und dann rechts in die Landstraße Richtung Pozos und Lameiro. Nach 400 m kommt man an der Sporthalle vorbei; hier mündet der Hauptweg ein, und es geht geradeaus weiter.

Abzweig
Pedrouzo -
Monte do Gozo

(16,5 km) Karte 14

🚶🚶 Wenn man, wie oben beschrieben, von Rúa kommt und nicht in Pedrouzo übernachten möchte, dann überquert man die N-547, geht auf der gegenüberliegenden Seite halblinks in einen Waldweg und kommt nach 600 m auf eine kleine Asphaltstraße. Hier geht man rechts und kommt nach 200 m zur Sporthalle, an die Kreuzung, wo von links die Pilger von der Herberge von Pedrouzo dazustoßen. An der Kreuzung geht es nach rechts und nach 200 m wieder links auf einen Waldweg, der nach 500 m das Dorf **San Antón** (km 1,5) erreicht.

Den gelben Pfeilen folgend, durchquert man das Dorf und geht auf eine Piste. Nach 200 m geht es links durch den Wald und über Felder 1,5 km geradeaus und dann rechts auf eine Asphaltstraße. Nach 700 m überquert man beim Dorf **Amenal** ♀ 🍽 (km 4) wieder die N-547 und wandert auf einem Waldweg weitere 2,7 km bergauf, bis der Weg oben auf der Höhe rechter Hand auf die N-634 stößt. Man geht nach links und bleibt 1 km auf einem Weg links von der Nationalstraße; linker Hand liegt bereits der Flughafen von Santiago.

Dann überquert man die N-634 und läuft rechts von ihr 300 m auf einem Pfad bis zu einer Straße, die rechts 200 m nach **San Paio** (km 8) führt, das rechter Hand liegt. Weiter geht es 200 m auf dieser Straße steil bergauf und dann halbrechts auf einen Waldweg. Nach 1 km erreicht man eine Straße, auf der nach 1 km **Labacolla** ⇌ ✕ 🍽 (km 10,5) erreicht wird.

Zuerst geht es lange bergab und unten links wieder 200 m bergauf. Schließlich überquert man die N-634 und geht gegenüber auf einer kleinen Straße weiter, der man in einem Rechtsbogen komplett folgt, bis sie links 1 km bis **Vilamaior** (km 12) steil ansteigt. In diesem Dorf geht man links und gleich wieder rechts.

Weitere 2,3 km wandert man jetzt auf einer Asphaltstraße; an ihrem Ende kommt man an den Anlagen des galicischen Fernsehens vorbei. Wo die Straße nicht mehr geradeaus weitergeht, biegt man nach links und nach 200 m wieder nach rechts auf eine andere Straße ab. Auf dieser Straße geht es 1 km geradeaus, an ihrem Ende rechts und nach 100 m wieder links auf die Straße, die nun direkt zum Monte do Gozo führt.

Zunächst wird der Ort **Monte do Gozo** ⇌ ✕ ✚ (km 16) 500 m durchquert, dann kommt man an einen großen Wegweiser; hier geht man geradeaus weiter, und nach 100 m hat man auf der linken Seite den Gipfel des Aussichtshügels Monte do Gozo mit einer umfassenden, aber etwas verwirrenden Aussicht auf

Santiago de Compostela erreicht. Zur Pilgerherberge geht es vom Aussichtshügel auf der Straße 500 m weiter geradeaus bergab und dann links in den Herbergsbereich.

▶   *Monte do Gozo* heißt "Berg der Freude" und bezieht sich auf das große Glücksgefühl, das die Pilger erfüllte, als sie nach all den Strapazen endlich das ersehnte Pilgerziel Santiago de Compostela vor sich sahen.

🏠   Es handelt sich um einen gigantischen und unpersönlichen Hotel- und Herbergsbereich mit 25 Wohnblöcken, Geschäften, Restaurants und einer Rot-Kreuz-Station. Insgesamt gibt es hier etwa 3.000

Pilgerrast in Portomarin -mk

Betten, von denen für die Pilger 800 zur Verfügung gestellt werden können. Man wendet sich an die *Recepción de Peregrinos* (Pilgerrezeption), die ausgeschildert ist.

♦ ☎ 981558942; 🛏 ab 13:30. Als Belohnung für die lange Pilgerschaft bekommt man hier die erste Übernachtung kostenlos; jede weitere Nacht kostet Ptas. 1.300.

Monte do Gozo - Santiago de Compostela (4 km) Karte 14

🚶 Man durchquert den gesamten Komplex des Monte do Gozo bergab und läuft dann noch 200 m Richtung Hauptstraße. Wo die Straße eine Rechtskurve macht, geht man geradeaus über eine Treppe hinunter zur Hauptstraße, auf der man auch 500 m über einen Kreisverkehr kommt und noch 1 km geradeaus läuft.

Dann biegt man halblinks in die Rúa do Valiño ab, eine schöne, gepflasterte Straße, die später ihren Namen in Rúa das Fontiñas ändert und auf der man 1 km bleibt. Dann wird eine Hauptstraße gekreuzt, und geradeaus geht es weiter in die Rúa de San Pedro. Nach 600 m auf dieser Straße kommt man zur Praza de San Pedro; man kann weiter geradeaus ins Stadtzentrum gehen oder scharf links in die Rúa de Belvis abbiegen, über die man nach 500 m auf der linken Straßenseite die traditionell Pilgerunterkunft erreicht (2001 geschlossen).

🏠 Im ehemaligen Priesterseminar Seminario Menor de Belvis durfte man bisher drei Nächte verbringen. 2001 bleibt es wegen Renovierungsarbeiten geschlossen, so daß Sie sich entweder eine Unterkunft im Zentrum suchen oder auf dem Monto do Gozo bleiben müssen. 2002 wird diese Unterkunft wahrscheinlich wieder geöffnet sein. Bisher gab es etwa 150 Liegen sowie reichlich Platz auf dem Boden. Warme Duschen waren zwar vorhanden, aber keine Küche und nur ungenügenden Platz zum Trocknen von Wäsche.

♦ Rúa de Belvis, 1 km vom Stadtzentrum entfernt. ☎ 981589200; bisheriger Preis Ptas. 500.

✋ Es gibt keine weitere Pilgerherberge in Santiago. Manchmal wird erzählt, daß auch die Franziskaner im Zentrum der Stadt Pilger aufnehmen; bei dieser Einrichtung handelt es sich jedoch um ein Obdachlosenheim.

🚶 Über die Rúa de San Pedro kommt man wie oben beschrieben ins Stadtzentrum. 200 m nach der Kreuzung mit der Rúa de Belvis überquert man den

Platz Porta do Camiño und kommt nach 500 m mehr oder weniger geradeaus zur Kathedrale.

Santiago de Compostela

⇧ 260 m; 94.000 Ew. 🏨 🛏 ✕ 🏳 🏧 ✓ ✚

🛈 Rúa do Vilar 43, ☎ 981584081 (Region Galicien).

🛈 Rúa do Vilar 63, ☎ 981555129 (Stadt Santiago).

Kathedrale in Santiago -cs

Santiago, nach Rom und Jerusalem das drittwichtigste christliche Pilgerziel der Welt, ist eine der schönsten Städte Spaniens mit zahlreichen Kirchen und anderen Monumenten sowie einer schönen und gepflegten Altstadt. Wer aber eine Stadt im romanischen Baustil erwartet, sieht sich getäuscht, denn in Santiago dominieren Barock und Klassizismus.

Die alte Stadt wird heute von mehr als 30.000 Studenten mit Leben erfüllt. Santiago ist zwar nicht Provinzhauptstadt, denn das ist **A Coruña**, aber Santiago ist Hauptstadt des Bundeslandes Galicien. Santiago wurde zu Recht im Jahre 2000 eine der neun Kulturhauptstädte Europas. Man sollte mindestens zwei Tage für den Besuch der Stadt einplanen.

🛈 **Pilgerbüro (*Oficina de Peregrinos*)**: Hier bekommt man gegen Vorlage des Pilgerpasses die Pilgerurkunde *Compostela* kostenlos ausgestellt. Im Laden nebenan kann man sie einschweißen lassen (*plastificar*). Im Pilgerbüro kann man sich auch anmelden, wenn man in der Pilgermesse um 12:00 in der Kathedrale erwähnt werden möchte.

♦ Rúa do Vilar 1, ☎ 981562419; April - Dezember tägl. 🕐 9:00 - 21:00, sonst 10:00 - 14:00 + 16:30 - 19:00.

☺ In der Rúa do Vilar, 25 m rechts neben dem Pilgerbüro, gibt es im Sommer voraussichtlich eine kostenlose Gepäckaufbewahrung (*consigna*) für Pilger.

Detail an der Kathedrale -mk

✝ **Kathedrale**: Endlich, das bedeutendste Monument des Jakobsweges! Die barocke Fassade, genannt *Obradoiro*, wurde im 18. Jh. der alten Kirche vorgesetzt und hat die romanische Fassade vollständig bewahrt; so kann man noch heute durch das "Glorientor" (*Pórtico de la Gloria*) aus dem 12. Jh. eintreten. Es ist ein großartiges Werk der Romanik mit mehr als 200 Figuren und einem thronenden Santiago im Zentrum.

"Am Ende des Weges" legen die Pilger ihre Hände an die Säule zu Füßen des Apostels und berühren mit dem Kopf die darunter befindliche Figur des Baumeisters Mateo. Das Innere der gewaltigen Kathedrale ist romanisch, aus dem 11. bis 13. Jh. Die Reste des Apostels Santiago ruhen in der Krypta unter dem Hauptaltar; über eine Treppe kann man hinuntersteigen. Ansonsten ist besonders das Platerías-Tor am Eingang zum südlichen Querschiff sehenswert.

♦ Täglich 7:00 - 21:00.

Geschafft - Rast auf den Stufen der Kathedrale -mk

⌘ **Kathedralsmuseum**: Sehenswert sind die Bibliothek, die Sammlung der Weihrauchkessel (*botafumeiro*) und das Teppichmuseum.

♦ März - Juni täglich 10:30 - 13:30 + 16:00 - 18:30, Juli bis 14. Sept. 10:00 - 13:30 + 16:00 - 19:30; 15. Sept. - Okt. 10:30 - 13:30 + 16:00 - 19:00; Nov. - Feb- 11:00 - 13:30 + 16:00 - 18:00, So nachmittags immer geschlossen. Eintritt Ptas. 500; Eingang rechts neben dem Haupteingang in die Kathedrale.

✞ Es werden zahlreiche Messen abgehalten. Am wichtigsten für die Pilger ist die Pilgermesse mittags um 12:00, die in mehreren Sprachen gehalten wird und während der die Pilger gesegnet werden.

Gruppen und Einzelpersonen können bei der Messe ins Gebet eingeschlossen werden, wenn sie das vorher im Pilgerbüro anmelden (siehe oben). Grundsätzlich ist auch Laienbeteiligung am Gottesdienst möglich.

Die Pilgermesse dauert etwa 35 Minuten und ist auch für Pilger ohne religiöse Motivation ein würdiger Abschluß des Jakobsweges.

Zu wichtigen Anlässen, normalerweise aber nicht zur Pilgermesse, wird der berühmte *botafumeiro*, ein 54 kg schwerer Weihrauchkessel, an einem 21 m langen Seil in einem hohen Bogen von 65 m Weglänge durch das gesamte Querschiff der Kathedrale geschwenkt.

Musikanten -mk

Die repräsentativsten Straßen der Altstadt von Santiago sind die Rúa do Franco und Rúa do Vilar, die parallel von der Kathedrale ausgehen. Auch die vier Plätze um die Kathedrale sind sehr sehenswert. Nehmen Sie sich Zeit, den Zauber der Altstadt ausgiebig zu genießen!

Hostal de los Reyes Católicos: An der Praza do Obradoiro. Alte Pilgerherberge vom Anfang des 16. Jh., in der heute ein staatliches *Parador*-Hotel eingerichtet ist. Sehenswert ist die platereske Fassade, aber auch das Innere lohnt einen Besuch.

✗   Eine alte Tradition wird vom alten Pilgerhospital und heutigen *Parador*-Luxushotel fortgesetzt: Täglich werden an jeweils zehn Pilger kostenlos Frühstück um 9:00, Mittagessen um 12:00 und Abendessen um 19:00 ausgegeben. Dazu muß man sich zu den genannten Zeiten am Personaleingang, dem grünen Tor 30 m links vom Haupteingang, einfinden und wird dann in den Pilgerspeisesaal geführt.

Drei Tage lang ab Ausstellungsdatum der Pilgerurkunde *Compostela* darf man hier essen. Die Urkunde muß man vorzeigen.

▶   Am **25. Juli** ist der **Feiertag** zu Ehren des Apostels Santiago. Am Vorabend, dem 24.7. um 23:00 gibt es auf dem Obradoiro-Platz vor der Kathedrale ein gigantisches Musik- und Lichtspektakel, auf dessen Höhepunkt die Fassade der Kathedrale "verbrannt" wird und ein Feuerwerk stattfindet. Allerdings finden sich so viele Menschen auf dem Platz ein, daß man sich schon gegen 22:00 einen Platz suchen sollte.

Am nächsten Tag, dem eigentlichen Feiertag, gibt es um 10:00 eine Prozession durch die Altstadt und dann gegen 10:40 einen feierlichen Akt mit anschließender Messe zu Ehren des Patrons Galiciens und Spaniens unter Anwesenheit der höchsten Würdenträger Galiciens sowie des spanischen Königs oder des Thronfolgers. Den ganzen Tag lang herrscht in der Altstadt ausgelassenes Treiben mit Musik.

Rückreise

🚆   Es gibt nur einen Zug täglich, der morgens von Santiago de Compostela abfährt und abends in Hendaye an der spanisch-französischen Grenze ankommt. Dort gibt es einen Anschlußzug, der am nächsten Morgen in Paris ist.

Fahrräder müssen mit der Agentur "Seur" aufgegeben werden. Der Versand bis zur Haustür in Deutschland ist jedoch mit etwa DM 450 sehr teuer.

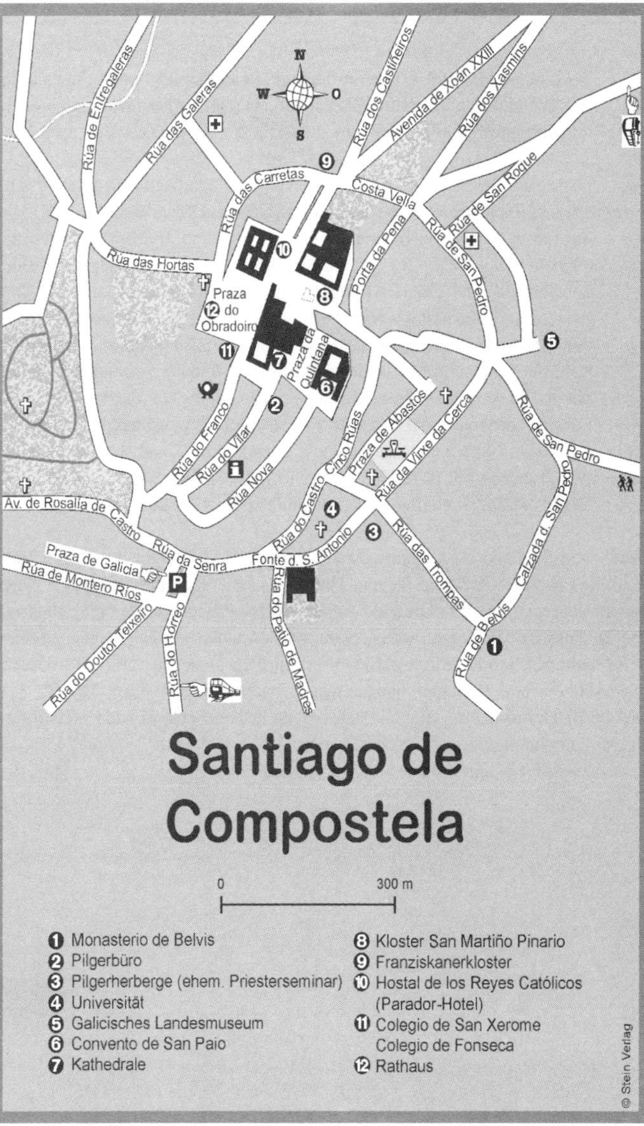

Santiago de Compostela

```
0                    300 m
|————————————————————|
```

1 Monasterio de Belvis
2 Pilgerbüro
3 Pilgerherberge (ehem. Priesterseminar)
4 Universität
5 Galicisches Landesmuseum
6 Convento de San Paio
7 Kathedrale

8 Kloster San Martiño Pinario
9 Franziskanerkloster
10 Hostal de los Reyes Católicos
   (Parador-Hotel)
11 Colegio de San Xerome
   Colegio de Fonseca
12 Rathaus

© Stein Verlag

♦   Seur, ☎ 981566160, im Gewerbegebiet Polígono del Tambre, etwa 5 km
     westlich vom Stadtzentrum. Sie können mit dem Fahrrad hinfahren und es
     dort verpacken, Mo - Fr ◳ 9:00 - 21:00, Sa nur bis 17:00.

🚌   Busse der Gesellschaft "Saia" fahren von Santiago nach Deutschland. Die
Busfahrt kostet je nach Zielort etwa Ptas. 23.000 (ca. DM 270).

♦   **Fahrplan**: ganzjährig Di und Fr, Abfahrt Santiago 10:30; Umsteigen am
     nächsten Tag um 10:15 in Reims (Frankreich) für Frankfurt/Main und Süd-
     deutschland oder um 11:45 in Mons (Belgien) für West-, Nord- und Ost-
     deutschland; Ankunft am Nachmittag oder Abend, je nach Zielort. Fahrrä-
     der können für Ptas. 4.000 aufgegeben werden. Reservieren Sie es beim
     Kauf der Fahrkarte. Normalerweise reist das Rad im gleichen Bus. Wenn
     der voll ist, kann es aber auch mit einem späteren Bus nachkommen. Das
     Fahrrad sollte demontiert in einem Pappkarton verpackt sein.

♦   Adressen: Santiago de Compostela: Alsa/Intercar, Busbahnhof (Estación
     de Autobuses), ☎ 981586453 + ☎ 981586133; Köln: Saia, Hauptbahnhof,
     ☎ 0221/120533; Hannover: Saia, Hauptbahnhof, ☎ 0511/453358.

✈   Von Santiago de Compostela kann man mit Umsteigen in Madrid oder
Barcelona nach Deutschland fliegen. Die spanische Fluggesellschaft Iberia bietet
Pilgern gegen Vorlage der Urkunde *Compostela* Sonderpreise für den Heimflug.
     Da diese Ermäßigungen sich jedoch auf den einfachen Flug und logischer-
weise nicht auf Sondertarife für Hin- und Rückflug beziehen, sind sie trotzdem
relativ teuer und betragen beispielsweise nach Frankfurt Ptas. 56.329 (ca.
DM 665). Darum ist es sinnvoll, sich bereits in Deutschland nach preiswerten
Flügen zu erkundigen.

♦   Iberia Flug- und Preisauskunft, ☎ 902400500.

Der Weg zum Kap Finisterre

(97 km)

Das mystische Felsenkap **Finisterre** wurde schon vor 2.500 Jahren von den Kelten als das "Ende der Welt" angesehen und war höchstwahrscheinlich schon lange vor der Entdeckung des Jakobusgrabes ein Pilgerziel. Die eigentliche Pilgerfahrt ist mit dem Besuch des Apostelgrabes zwar abgeschlossen, aber immer mehr Pilger zieht es trotzdem weiter, um auf diesem Weg die Einsamkeit zu finden, die man auf dem Jakobsweg selbst oft vermißt haben mag. Der Weg wird in drei bis fünf Etappen zurückgelegt, die sich an den vorhandenen Pilgerherbergen und anderen Unterkünften orientieren. Die Rückfahrt erfolgt mit dem Bus, der auch Fahrräder mitnimmt.

Santiago de Compostela - Negreira

23 km (Karte 15)

🚶 Vom Kathedralsvorplatz Praza do Obradoiro geht man vor dem "Hostal de los Reyes Católicos" links die Treppen hinunter und dann 1 km immer geradeaus durch die schöne alte Rúa das Hortas, die Rúa da Poza de Bar und die Rúa de San Lorenzo bis zu einem Park, an dessen rechter Ecke der erste Markierungsstein des Pilgerweges steht. Halbrechts geht es durch den kleinen Park und nach 250 m links eine schmale Betonstraße bergab. Nach 350 m führt eine Brücke über einen Bach; die Großstadt haben Sie hier bereits hinter sich gelassen.

Hinter der Brücke geht es links auf eine Piste. Nach 100 m geht es an einer Pistengabelung halblinks, aber nach 50 m endet die Piste bei einem Haus, an dem rechts ein Pfad vorbeiführt. 700 m geht es nun auf schwer beschreibbaren Pfaden weiter, so daß Sie gut auf die Markierungen achten müssen.

Schließlich mündet der Weg rechts von drei ockerfarbenen Häusern in eine Straße ein und man wendet sich nach links. 200 m geht es bergab und dann halbrechts auf eine schlecht asphaltierte Piste, die nach 100 m beim letzten Haus zu einem Waldweg wird.

Nun geht es immer geradeaus bzw. in der gleichen Richtung durch den Wald. Nach 1 km geht es nicht mehr geradeaus weiter, sondern in fast rechtem Winkel links bergab. Nach 250 m stößt diese Piste auf eine andere, auf der man links geht und nach 100 m eine kleine Straße erreicht, auf der man sich nach rechts wendet.

Nach der einsamen Strecke durch den Wald geht es nun durch verstreut besiedeltes Gebiet weiter: Nach 100 m geht man an einer Straßengabelung links, nach 250 m an der nächsten Straßengabelung wieder halblinks und nach 200 m rechts auf eine andere Straße, die gleich zur Piste wird. Nach 200 m setzt sich diese als Straße rechts fort, und nach 100 m geht es auf einer anderen kleinen

Straße nach links. Nach 100 m zweigt man an einem kleinen Platz von der Straße rechts ab, und nach 150 m erreicht man das Zentrum des Dorfes **Carballal** (km 5).

Im Dorf geht man halblinks, dann rechts und am Dorfende wieder links auf eine kleine Straße. Nach 350 m biegt man kurz vor einer Landstraße rechts in eine schmalere Straße, die nach 250 m zur Piste wird, auf der anfangs ein Bach fließt, der sie entsprechend deformiert hat.

Nach 300 m stößt diese Piste auf eine andere, man geht links, aber nach nur 20 m wieder halbrechts in den Wald. Der Waldweg macht zunächst einen Rechtsbogen und führt dann 300 m geradeaus bergauf, wo er auf eine Piste trifft, auf der man links geht, bis man nach 100 m auf eine schmale Straße stößt und sich wieder nach rechts wendet.

Nach 250 m biegt man wieder links in einen Waldweg ein, der nicht gut markiert ist. Passen Sie also gut auf: Sie müssen dem linken Weg bergab folgen. Nach 200 m gibt es eine Weggabelung, die wieder nicht markiert ist - es geht halblinks steil bergab. Nach 150 m mündet der Waldweg in eine schmale Straße, die nach 300 m in eine kleine Landstraße einmündet, auf der man links geht, aber nur 40 m, dann wird die Landstraße wieder scharf rechts verlassen und es geht 100 m hinunter ins Dorfzentrum von **Quintans** ♈ (km 7,5).

Unten geht es links, wieder links und auf eine Straße aus dem Dorf, die

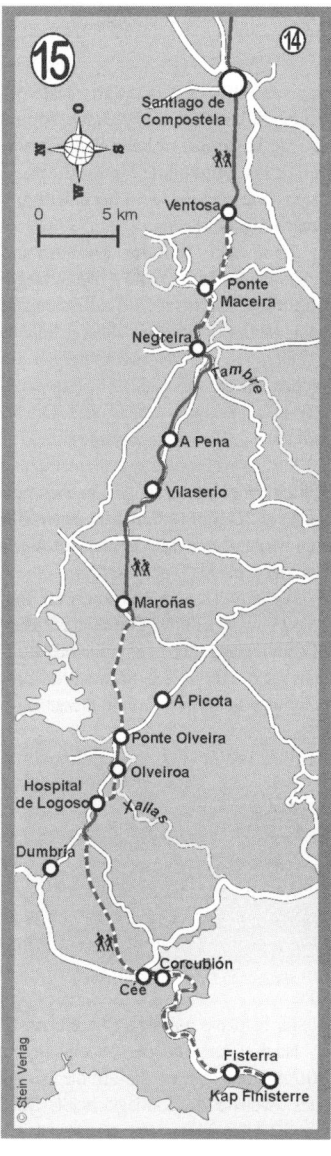

sich nach 300 m gabelt. Die rechte Straße gabelt sich nach 250 m wieder und man geht halblinks weiter. Nach 400 m biegt man rechts in eine schmale Straße ab, die nach 100 m beim Eingang zu einer Villa endet, aber als einfache Piste geradeaus weiterführt. Nach 300 m, kurz vor einem Dorf, biegt man rechts in einen Waldweg ein, dem nach 100 m in einen Rechtsbogen gefolgt wird. (Achtung: schlecht markiert!).

70 m weiter trifft man auf einen anderen Weg, wo ein gelber Pfeil nach links zeigt. Nach 150 m mündet dieser Weg in eine Piste, die in gleicher Richtung nach 100 m die Landstraße LC-453 erreicht (km 9,3) - hier ✗ -, auf der man rechts geht. Nach 600 m wird die Landstraße bei einer Bushaltestelle halbrechts auf eine Straße verlassen, die 500 m bergab durch das Dorf **Ventosa** 🏘 führt, bis man wieder auf die LC-453 stößt (km 10,4) und sie überquert. Gegenüber geht es 350 m weiter durch und aus dem Ort, bis man wieder auf die Landstraße trifft und nun links 1,4 km nach **Aguapesada** ⚲ geht.

Kurz vor einer Landstraßenkreuzung geht man links auf einen schön gepflasterten Weg, der nach 150 m die andere Landstraße überquert und gegenüber auf eine Betonpiste führt, die nach 200 m zum Waldweg wird. 1,3 km geht es steil bergauf; zwei Mal kommt der Weg dabei der Landstraße nahe, die beim dritten Mal schließlich betreten wird.

Weitere 900 m geht es bergauf und dann 300 m bergab durch **Carballo** (km 15) und weiter durch **Trasmonte** ⚲🏘 (km 16), **Reino** und **Burgueiros** (km 17). 800 m danach gibt es eine Einmündung in eine andere Straße, und links erreicht man nach 100 m das hübsche historische **Ponte Maceira** ✗ (teuer) (km 18), einen der schönsten Orte in dieser Gegend.

Brücke im Dorf Ponte Maceira

Im Dorf überquert man rechts die großartige alte Brücke über den Fluß **Tambre**. Nach 300 m geht es am Ortsende links auf eine schmale Straße, die nach 200 m in Piste übergeht.

Nach 400 m kommt man unter der nächsten Landstraßenbrücke hindurch, und danach geht es auf einem breiten Feldweg, der nach 800 m in die Landstraße LC-450 einmündet. Auf ihr muß man links 700 m gehen, bevor man

wieder halblinks auf die kleinere Landstraße Richtung Logrosa abbiegen kann.

Nach 1 km wird der Ortsanfang von **Negreira** erreicht, und nach weiteren 400 m stößt man wieder auf die LC-450. Man geht links auf dieser Straße, die jetzt Avenida de Santiago heißt, 300 m bis zur zentralen Straßenkreuzung (km 22,1).

Negreira

⇧ 170 m; 7.000 Ew. 🏠 ⇨ ✕ 🏛 🍴 ⊞

An der rechten Ecke befindet sich die günstige "Hospedaje La Mezquita" und gegenüber in der Rúa do Carme das Rathaus mit Polizeistation (*policía municipal*). Links führt der Pilgerweg weiter die Carreira de San Mauro hinunter und zur 900 m entfernten Pilgerherberge, die aber im Juni 2001 noch nicht eröffnet war. Geradeaus geht es dagegen 300 m durch die Rúa da Cachurra und dann links in die Avenida de Barcala 700 m zum Sportzentrum (*polideportivo* oder *zona deportiva*), das als Ausweichquartier dient, solange die Herberge noch nicht in Betrieb ist.

🏠 Wie erwähnt geht man von der Kreuzung die Carreira de San Mauro hinunter und durchquert nach 250 m das auffällige historische Stadttor. Nach weiteren 150 m wird der Fluß **Barcala** überquert, wo die Stadt endet, und nach nur 50 m geht man an einer Straßenkreuzung links hinauf, um nach 450 m die Pilgerherberge links an der Straße zu erreichen.

Gute, schön gelegene Herberge mit etwa 20 Liegen, Küche und Aufenthaltsraum, die im Juni 2001 noch Probleme mit den Wasseranschlüssen hatte. Solange sie nicht in Betrieb ist, kann man im Sportzentrum (siehe oben) übernachten, wo täglich ab 16 Uhr jemand anwesend ist, um den Pilgern einen Schlafplatz auf Matten zuzuweisen. Natürlich kann man auch im "Hospedaje La Mezquita" übernachten, wo Pilger Sonderpreise erhalten.

⇨ Hospedaje La Mezquita, an der zentralen Straßenkreuzung, ☎ 98188-5128; Pilgerpreise: EZ Ptas. 1.500, DZ Ptas. 2.000. In jedem Fall sollten Sie sich im Stadtzentrum bei der Polizei (*policía municipal*) erkundigen, ob die Herberge geöffnet ist; oder einfach vorher wochentags beim Rathaus anrufen: ☎ 981885250 + ☎ 981885550.

Negreira - Olveiroa
35 km (Karte 15)

🚶 Von der Herberge geht man 150 m zurück Richtung Negreira und dann links 200 m hinauf in den Ortsteil **Iglesia**. An der Kirche vorbei geht man rechts durch das Dorf, das gleich wieder verlassen wird. Nach 300 m macht das Sträßchen eine Spitzkehre nach rechts, aber der Pilgerweg steigt geradeaus auf einem schönen Waldweg an. Nach 1 km

Kirche und Friedhof von Negreira

mündet dieser auf eine Piste, und links geht man 150 m bis zur Landstraße CP-5603 am Ortsanfang von **Zas** 🏠 (km 1,8). 800 m geht es durch den Ort, und am Laden zweigt man rechts in eine schmale Straße ab. Nach 150 m geht man an einer Kreuzung links, und nach 300 m bei einer dreifachen Gabelung steigt halblinks eine Piste an. Nach 900 m mündet diese im Wald in eine Piste, auf der man halblinks weitergeht. Nach 400 m trifft man am Ortsrand von **Aro** (km 4,4) auf eine Straße.

Es geht jedoch gleich wieder rechts auf eine Piste. Nach 200 m geht man an einer Pistenkreuzung links und nach 250 m über die nächste Pistenkreuzung hinweg geradeaus hinauf in den Wald. Nach 350 m trifft man auf eine kleine Straße, überquert sie und geht gegenüber einen schmalen und leicht überwucherten Pfad bergauf. Nach 250 m mündet der in einen breiten Weg, und es geht in der gleichen Richtung weiter.

Nach 200 m wird eine schmale Straße überquert, und weiter geht es auf dem Waldweg 250 m bis zur Einmündung in eine Piste. In gleicher Richtung geht es weiter, obwohl die Piste sogleich auf den nächsten 50 m eine Rechts- und eine Linkskurve beschreibt. Nach 200 m zweigt man schließlich wieder halblinks auf einen Waldweg ab, der nach 200 m in einen breiteren Weg einmündet. Halbrechts mündet der Weg nach 400 m in eine Piste, die geradeaus noch 300 m ins Zentrum des Dorfes **Rapote** (km 7) führt.

Im Zentrum geht es auf die Dorfstraße rechts und gleich am Ortsende bei einer Weggabelung halblinks eine steinige Piste bergab. Nach 350 m folgt man ihr in eine Rechtskurve und kommt so nach weiteren 100 m zu einer Weggabelung, wo es halblinks bergauf geht.

Achtung: nicht markiert, aber der halbrechte Weg endet bald auf einer Wiese. Der Weg halblinks führt also 750 m meist bergauf und wird dabei immer schmaler, bis er auf eine schmale Straße am Ortsrand von **A Pena** ♀ (km 8,3) stößt.

Der Pilgerweg führt geradeaus weiter 200 m bis zu einer kleinen Landstraße, auf der es jetzt nach links geht. Nach 200 m geht man auf eine andere Straße wieder links und nach 350 m auf der Landstraße CP-5603 rechts. Nach 550 m, hinter den letzten Häusern, geht es rechts auf eine Piste, aber nach nur 30 m kommt man zu einer dreifachen Weggabelung, wo es die erste Piste halblinks hinauf geht. Nach 600 m wird die Piste allmählich unwegsamer, bleibt aber breit. Dann wird ein Bach überquert; gegenüber geht es 200 m bergauf, wo der Weg in eine Piste einmündet. Halblinks kommt man nach 200 m zu einer Kreuzung und geht wieder links auf eine andere Piste, die nach 100 m die Landstraße CP-5603 erreicht. Rechts geht es nun 2,2 km die Landstraße entlang, bis man sie kurz vor einer 90°-Linkskurve hinter einem alleinstehenden Haus links auf eine Piste verlässt.

Bergab wird nach 200 m **Vilaserío** ⚲ ⚑ (km 13) erreicht. Der Jakobsweg überquert die erste Straße (rechts geht es zur Bar) und führt halblinks gegenüber weiter 200 m zur CP-5603.

Links geht man 500 m auf der Landstraße bis zur alten Dorfschule, die als
Notunterkunft für Pilger dient (km 13,8). Im alten Schulgebäude (mit verrosteten
Schaukeln davor) kann man auf dem Boden schlafen. Den Schlüssel gibt es im rot-
gestrichenen Haus (Nr. 39) gegenüber.

🚶🚶   Weitere 1,4 km geht man auf der CP-5603 bis zum Abzweig, der rechts
200 m ins Dorf **Cornado** (km 15,4) führt. Dort biegt man links in eine schmale
Straße und geht am Waldrand nach 150 m halblinks auf eine Piste. Nach 500 m
gibt es eine Pistengabelung; halblinks erreicht man nach 450 m wieder die CP-
5603. Man geht rechts und zweigt nach 350 m wieder links auf eine Piste ab.

1,5 km geht es immer geradeaus und dann bei einer Pistengabelung halblinks.
Nach 300 m stößt diese Piste auf eine andere, und es geht rechts 300 m bergab.
Nach 300 m biegt man wieder halblinks in eine Piste und geht 1,5 km nach
As Maroñas (km 20,5).

Man folgt der Dorfstraße links und nach 200 m am Ortsrand im Rechtsbogen.
800 m geht es geradeaus, bis diese Straße auf einer anderen endet, auf der man
links nach 250 m das Dörfchen **Santa Mariña** betritt. Schnell wird es durchquert
und rechts kommt man nach 500 m zur größeren Landstraße LC-403, auf der es
links geht - hier gleich ⚲

Nach 500 m biegt man rechts in eine schmalere Landstraße ein, die nach
2 km das Dorf **Geima** (km 24,8) durchquert. An der zentralen Straßengabelung
geht man halblinks 700 m nach **Pilar** (km 25,5).

Dort geht es auf eine noch schmalere Straße rechts 150 m und am Ortsende
hinter dem letzten Haus halblinks eine Piste hinauf. Nach 650 m, wo es gerade
wieder bergab geht, geht man an einer Pistenkreuzung rechts und nach 100 m an
der nächsten Kreuzung wieder links.

1,1 km geht es ständig bergab, bis man links auf eine andere Piste abzweigt,
die 500 m nach **Lago** (km 28) führt.

Im Dorf geht man rechts und gleich wieder links, um das Dorf auf einer
schmalen Straße zu verlassen, die nach 500 m auf einer kleinen Landstraße
endet. Links geht man 400 m und biegt dann wieder vor einer Häusergruppe in
eine schmale Straße rechts ab.

Nach 1 km folgt man diesem Sträßchen in zwei Kurven und auf weiteren
1,2 km bis zu einer Straßengabelung, wo es halblinks weitergeh. Nach 1,1 km
wird das Dorf **Ponte Olveira** (km 32,4) und die Landstraße CP-3404 erreicht.

Horréo in Olveiroa

Rechts wird nach 250 m der Fluß **Xallas** überquert; auf der anderen Seite beginnt die Großgemeinde **Dumbría**, die alle umliegenden Dörfer vereint.

Nach 1,7 km auf der CP-3404 biegt man halblinks ab und erreicht nach 400 m **Olveiroa**, ♀ ♠ einen malerischen alten Ort und würdiges Etappenziel. Links liegt der hübsche Kirchplatz mit "Stein"-alten Hórreos; rechts geht es 100 m hinauf zur Pilgerherberge.

♠ Diese schöne Herberge mit 20 Liegen, Küche und Aufenthaltsraum wird im Sommer 2001 eröffnet und von Juli bis September von Freiwilligen betreut.

Vor der Pilgerherberge in Olveiroa

Wer die Herberge außerhalb der Sommersaison betreut, war bei Drucklegung noch nicht klar, sie wird aber das ganze Jahr über benutzbar sein, und die entsprechende Information wird an der Eingangstür zu finden sein.

In jedem Fall kann man sich vorher telefonisch beim Rathaus von Dumbría erkundigen, ob die Herberge geöffnet ist: ☎ 981744001.

Olveiroa - Fisterra   36 km (Karte 15)

♟ 100 m geht es von der Herberge zurück, und nach rechts wird das Dorf verlassen. Nach 200 m geht man vor einem Waschhaus links über einen Bach und einen breiten steinigen Fußweg bergauf. Nach 250 kommt eine verzwickte Wegkreuzung, über die man mehr oder weniger geradeaus auf eine Betonpiste geht. Nach 350 m biegt man rechts auf eine Piste ab und nach weiteren 350 m wieder links. Nun führt ein schöner breiter Weg am Hang entlang, der spektakuläre Blicke auf den aufgestauten Fluß Xallas und auf einen Windpark bietet. Nach 1,6 km endet der Weg plötzlich, und ein Pfad führt zu einem Bach, dessen alte Steinbrücke vom Hochwasser leider derart zerstört wurde, daß man sich beim Überqueren wohl nasse Füße holt (ist ansonsten aber unproblematisch). Auf einem Pfad geht es weiter, bis dieser nach 250 m auf eine Piste stößt, über die rechts nach 800 m **Hospital de Logoso** (km 4) erreicht wird.

Bei den ersten Häusern wird der Ort jedoch gleich wieder links verlassen. Nach 100 m geht man bei einer Pistengabelung halblinks 1,3 km zur Landstraße CP-3404, auf der man sich nach links wendet. Nach 1,3 km befindet sich auf der linken Seite ein Restaurant und dahinter eine häßliche alte Hochofenfabrik, der einzige Schandfleck auf diesem schönen Weg. Teils auf der alten, teils auf der neuen Landstraße kommt man nach 600 m zur Straßenkreuzung, wo sich auch der Pilgerweg gabelt (km 6,4). Rechts führt ein lokaler Pilgerweg zum Heiligtum von Muxía; unser Weg nach Finisterre führt links über Buxantes Richtung Cée.

Auf der Straße geht es direkt an der Hochofen-Fabrik vorbei und nach 600 m an ihrem Ende halbrechts auf eine Piste. Nach 600 m geht es an einer Weggabelung halblinks, und nach 1,4 km auf einem verwitterten Fahrweg wird eine kleine Straße gekreuzt, wo ein schönes granitenes Wegkreuz steht. Gegenüber geht es auf einer Piste weiter, die 500 m recht unwegsam bergauf führt; dann weitet sich der Weg und gibt schöne Blicke auf die umliegende Heidelandschaft frei. Nach 1 km endet die Piste auf einer anderen, biegt rechts und nach 500 m wieder links 100 m bergab zu einer Kirchenruine (km 11).

Unterhalb von ihr geht man rechts auf eine Piste, die 7 km auf der Höhe immer geradeaus führt - links am Horizont ist schon das Meer zu sehen -, bis es schließlich 2 km steil bergab geht. Am Ortsanfang der Industriestadt Cée geht man auf eine kleine Straße links und gleich wieder rechts, um nach 400 m die Landstraße C-550 zu erreichen, auf der man rechts Richtung Zentrum geht. Nach 700 m verläßt man die Hauptstraße halblinks Richtung Meer, geht nach 150 m in einer Spitzkehre der Straße geradeaus die Treppen hinunter und dann rechts in die Rúa Rosalía de Castro, die nach 350 m zum ruhigen alten Hauptplatz Praza da Constitución führt (20,5 km).

Cée   ⇧ Höhe 10 m; 7.000 Ew. 🛏 ✕ 🚉 ♙ ⊞

Wer hier übernachten möchte, geht über den Platz hinweg 500 m bis zur Landstraßenkreuzung, wo sich verschiedene, aber recht teure Hotels und Hostals befinden. Wenn man links in die C-552 einbiegt, findet man nach 100 m rechts die günstige "Hospedaje Crego", die Pilgerpreise bietet, in der Hauptsaison aber meist voll ist. (Dort an der Hauptstraße halten die Busse nach Fisterra.)

🛏   Hospedaje Crego, Avenida Finisterre 104 C, ☎ 981745947; Pilgerpreise: Juli bis September Ptas. 2.000 pro Person, sonst Ptas. 1.500.

🚶🚶   Wer von Cée weiterwandert, geht beim Betreten der besagten Praza da Constitución die erste Straße links 100 m ins Hafengebiet und dann rechts 300 m auf einer Straße am Ufer entlang bis zur Einmündung in die Landstraße C-552. Geradeaus verläßt man Cée und erreicht bereits nach 800 m die Altstadt des schönen Ortes **Corcubión** 🛏 ✕ ⛺ 🛐 ⊞ wo man halblinks nach 100 m die Kirche erreicht (km 22).

Von der Kirche geht man zum Meer die Treppen hinunter und auf auf der C-552 rechts 1,2 km bis zum Ortsende. Die Landstraße steigt nun 1 km an, und auf der Höhe geht man links auf eine Straße, die sich nach 100 m dreifach gabelt. Es geht geradeaus auf eine Asphaltpiste, die nach 200 m an einem Haus endet; links davon führt jedoch ein Pfad weiter 500 m durch den Wald, bis er in eine kleine Landstraße einmündet. In gleicher Richtung geht es 800 m bergab bis zum Ortsanfang von **Redonda** und noch vor dem ersten Haus rechts auf eine schmale Straße, die nach landschaftlich schönen 1,4 km im Ort **Amarela** 🍷 wieder auf die C-552 stößt (km 27,2).

Links geht es auf der Landstraße - ein Stück auf der alten, dann wieder auf der neuen - 1,5 km in den Strandort **Estorde** 🛏 ✕ und weitere 1,5 km in den hübschen Fischerort **Sardiñeiro** 🛏 ✕ ⛺ (km 30,2). Bei den Wegweisern im Zentrum geht man halbrechts auf eine Dorfstraße, die 150 m parallel zur Landstraße verläuft und dann halbrechts in die Rúa de Fisterra übergeht. Nach 350 m geht es am Ortsende ansteigend weiter geradeaus, aber nach 150 m wird die schmale Straße, die hier eine Rechtskurve macht, halblinks auf einen Fußweg verlassen. 1,3 km geht es nun immer geradeaus, bis man wieder auf die C-552 trifft und diese überquert. Gegenüber geht es auf einem Fußweg weiter, der oberhalb der Küste verläuft und einen spektakulären Blick auf Fisterra und das Felsenkap von Finisterre bietet.

Nach 400 m kommt man zurück zur Landstraße, geht 300 m auf ihr und verläßt sie dann wieder halblinks auf eine kleine Straße, die nach 350 m am Strand endet. Geradeaus geht es nun 2,3 km auf einem schönen Fußweg am Strand bzw. in Strandnähe bis zum Ortsanfang von Fisterra, wo man wieder auf die C-552 trifft. Nach 300 m betritt man die Altstadt und geht 300 m durch die Calle Santa Catalina zu einer größeren Kreuzung: Linker Hand bliebt der Hafen liegen, denn gegenüber beginnt die Calle Real, deren erstes Haus rechts die Pilgerherberge ist.

Fisterra   ⇧ 15 m; 5.000 Ew. 🏠 🛏 ✕ ⛺ 🛐 ⊞

🏠   Diese Herberge besteht seit 1999 und hat 24 Liegen, Küche und Aufenthaltsraum.

♦   Calle Real 2, gegenüber vom Restaurant "O Centolo", ☎ 981740781; ständig ab 🕖 19:00; Spenden.

🏃   Man durchquert die Altstadt durch die Calle Real, über den Hauptplatz, durch die Calle Plaza und die Calle Aro-Solís 600 m zur Landstraße, auf der man an der romanischen Kirche Santa María das Áreas vorbei nach 2,5 km das

Kap Finisterre erreicht, ein 140 m hoher Granitfelsen mit Leuchtturm und schöner Aussicht auf die Bucht und das unendliche Meer.

Mit dem Bus fährt man über Baio zurück nach Santiago de Compostela. Für die rund 100 km benötigt der Bus gut zwei Stunden.

♦ Busgesellschaft "Finisterre", ☎ 981588511 (in Santiago); Abfahrt von Fisterra nach Santiago Mo bis Sa 16:00 und So 18:00. Der Preis für eine einfache Fahrt beträgt Ptas. 1.455, Zuschlag für's Fahrrad Ptas. 350.

Index

Fenster in der Kathedrale -cs

Der Autor führt Ihre Gruppe

TREKKING -„MAHLZEITEN"

F. Schultheiss

Postfach 2430

D-64533 Mörfelden-
Walldorf

Tel. (06105) 456789

Fax (06105) 45877

www.trekking-mahlzeiten.de

Alle Bücher aus dem Conrad Stein Verlag

64 England: Pennine Way	24,80	Die Kirchen Gotlands 24,80
66 Alaska Highway	24,80	Grönland 29,80
71 Nordspanien:		Iran 44,80
Jakobsweg – Nebenrouten	24,80	Kanadas Westen 39,80
74 Nordirland: Coastal Ulster Way	22,00	Kanalinseln 29,80
76 Pfälzerwald-Vogesen-Weg	22,00	Kanarische Inseln 29,80
78 Polen: Pisa-Narew-Kanu	19,80	Kiel 19,80
79 Bolivien: Choro Trail	22,00	Kiel von oben - Luftbildband 49,80
80 Peru: Inka Trail u. Region Cusco	22,00	Komoren 24,80
81 Chile: Torres del Paine	24,80	Kurs Nord 49,80
82 Norwegen: Jotunheimen	19,80	Libanon 24,80
83 Neuseeland: Stewart Island	19,80	Libyen 39,80
84 USA: Route 66	22,00	Mexikos Süden, Belize & Guatemala 36,80
85 Finnland: Bärenrunde	19,80	Neuseeland-Handbuch 36,80
87 Montblanc-Rundweg - TMB	19,80	Ontario mit Montréal & Québec 29,80
88 Griechenland: Trans-Kreta	19,80	Phuket & Ko Samui 29,80
89 Schweden: Skåneleden	19,80	Reisen mit Hund 19,80
90 Mallorca: Serra de Tramuntana	19,80	Rumänien 26,80
91 Italien: Trans-Apennin	19,80	Schweiz 36,80
92 England: Themse-Ring	19,80	Sibirien 36,80
93 Spanien: Sierra Nevada	24,80	Slowakei 29,80
95 Norwegen: Nordkap-Route	24,80	Spitzbergen-Handbuch 39,80
96 Polen: Czarna Hancza/Biebrza-Kanu	19,80	Tansania / Sansibar 39,80
98 Wales: Offa's Dyke Path	19,80	Travel Planet - Almanach f. 4 Kontinente 29,80
107 GR 5: Genfer See - Nizza	24,80	Überwintern - Langzeiturlaub im Süden 19,80
109 Mecklenburg. Seenplatte (2002)	19,80	USA - Nordwesten 34,80
112 Norwegen: Telemark-Kanal (2002)	19,80	
113 Deutschland: Rennsteig (2002)	19,80	
114 Alpen: Dreiländerweg (2002)	19,80	
115 Slowakei: Friedensweg (2002)	19,80	

OutdoorHandbücher
Fernweh-Schmöker

Band	DM
46 Blockhüttentagebuch	24,80
47 Floßfahrt nach Alaska	22,00
75 Auf nach Down Under	14,80
105 Südsee-Trauminsel (Tom Neale)	19,80
110 Huskygesang	14,80
111 Liebe - Schnaps - Tod	14,80

ReiseHandbücher

	DM
Äthiopien	34,80
Alaska	34,80
Antarktis	49,80
Australien-Handbuch	44,80
El Salvador/Honduras	34,80

Fremdsprech

Band	DM
1 Oh, dieses Dänisch	9,80
2 Oh, dieses Schwedisch	9,80
3 Oh, dieses Spanisch	9,80
4 Oh, dieses Englisch	9,80
5 Oh, dieses Französisch (2002)	9,80

Ab 1.1.2002 gelten folgende Euro-Preise:

DM 9,80 -	4,90	DM 12,80 -	6,90
DM 14,80 -	7,90	DM 19,80 -	9,90
DM 22,00 -	10,90	DM 24,80 -	12,90
DM 26,80 -	13,90	DM 29,80 -	14,90
DM 34,80 -	17,90	DM 36,80 -	18,90
DM 39,80 -	19,90	DM 44,80 -	22,90
DM 49,80 -	24,90		

☺ Weitere Bände in Vorbereitung.
Fordern Sie unseren
aktuellen Verlagsprospekt an.

130601

Buchtips für Outdoor-Neulinge!

Martin Schepers
Erste Hilfe
(Band 39)
OutdoorHandbuch
Conrad Stein Verlag
116 Seiten
ISBN 3-89392-139-7

Reinhard Kummer
Wildniswandern
(Band 7)
OutdoorHandbuch
Conrad Stein Verlag
92 Seiten
ISBN 3-89392-108-7

▷ Allgemeine Erste
  Hilfe
▷ Chirurgische und
  internistische
  Notfälle
▷ Outdoor- und
  sonstige Notfälle
▷ Anhang mit
  - Notsignalen
  - Hilfsmitteln
  - Reiseapotheke

▷ Planungsphase
▷ Partnerwahl
▷ Routenplanung
▷ Ausrüstung
▷ Bekleidung
▷ Verpflegung
▷ Trinkwasser
▷ Zeltplatzwahl
▷ Chillfaktor
▷ Lagerfeuer
▷ Verletzungen
▷ Checklisten